婚勝《KON KATSU》アドバイス

離婚相談3800件に見る「ダメ男」47タイプ

Re婚カウンセラー
鈴木あけみ

ハート出版

はじめに

ダメ男《おとこ》とは結婚するな

1.「ダメ男」とは？

最初に質問します。
貴女（あなた）は結婚して幸せになりたいですか？
もし「イエス」ならば、結婚する前に**「ダメ男」**を知りましょう。
絶対に幸せになりたい、というのであれば、なおさらです。
「ダメ男」っていうと、どんな男性を想像されるでしょうか？
きっと色々な男性を連想されるでしょうが、その本質は、ズバリ、
「女性を幸せに出来ない男性」です。

何も出来ないというわけでもなく、見た目が悪いというわけでもありません。しかし、自分の考えを押し通したり、女性に暴力や暴言を振るって傷つけたり、何回言っても女性の思いや辛さを理解できずに、女性に様々なストレスや失望を与えてしまう男性、それが**「ダメ男」**です。

このように、ダメ男には様々なタイプがあるのですが、いきなりその本領を発揮するわけではありません。むしろ、女性と付き合っている最中は、本性をむき出しにすることは少ないのです。

しかし、注意して見れば、その男性がダメ男かどうかがわかります。なぜならば、ダメ男は、付き合っている期間にその**「予兆」**を発しているからです。

本書では、それを47種類にわけて紹介します。その際には、**「ダメ男度」**も☻マークの数で示しますので、できれば、ダメ男度が高い方との結婚は見直してほしいと強く思っています。

予兆がわかっているのに、それを見逃して結婚すれば、結婚生活は間違いなく破綻するからです。

子どもがいての離婚は、子どもが犠牲になり可哀想で見ていられません。子どもが犠牲になるような結婚は初めから止めましょう。

本書で紹介するダメ男は、私がこれまでに相談を受けてきた方の証言にもとづいたものばかりです。

それを、自分の身を守るため、幸せな結婚を目指すためにぜひ役に立てていただきたいと思っています。

また、ダメ男度の低い男性については、どうすればうまくやっていけるか、その**アドバイス**や**ヒント**を示しておきますので、参考にしていただければと思います。

そうすれば、きっと貴女（あなた）は**「不幸な結婚」**を避けられるはずです。

2.「ダメ男」はいっぱいいます！

新聞やテレビで毎日のように、信じられない悲惨な事件を目にしますね。
○ＤＶの果てに、逃げた妻を追っかけて、包丁で刺してしまった男性
○酒酔い運転で何人もの命を奪ってしまった男性
○自宅にごみの山を作って近所に悪臭を放っている男性

○金銭感覚が狂ってしまい、借金まみれの男性
○浮気がばれるのを恐れ、妊娠中の愛人を殺害した男性

思い出してみて下さい。まだまだいっぱいあります。

このような事件は特別なことで**「私には関係ない」と思ったら大間違い**ですよ。

世の中にはダメ男がいっぱいいるのですから。もちろん、貴女の周りにも、です。

新聞やテレビのニュースでは報道されなくても、変な事件や揉め事は身近なところでいっぱい起きています。

たとえば、職場、駅、居酒屋、映画館、渋滞した道路、スーパーマーケットなど、ありとあらゆるところで小さい事件は起きています。

こうした場所での事件は、ニュースにはならずとも、少しは他人の目に触れるので、まだ救いようがありますが、怖いのは家庭や彼の部屋といった**「密室」**です。密室で起きる出来事は、他人の目に触れることがないからです。

密室では、こんなことがよくあるのです。
○ケンカして彼に殴られた

○家具や家電を壊された
○彼にセックスを強要された
○自分名義で借金を作られた
○携帯の情報を消された
○逆らったら暴言を吐かれた

ドラマの中の特別な話ではありませんよ。

まだまだたくさんありますが、こういった言動はダメ男の予兆のひとつなんです。

繰り返しますが、世の中にダメ男はいっぱいいます。

ステータスが高い職業についているとか、人一倍優しいとか、そんなことだけで男性を評価しないで下さいね。

一生をゆだねようとしている男性を厳しい目で選びましょう。

それが**「幸せな結婚」**生活への第一歩です。

3. ダメ男は予兆を発っしています

結婚後うまくいかなくなり、夫の不満を訴える妻に、私はよくこう質問します。

「結婚前は全く気づかなかったのですか?」と。

すると、ほとんどの方が、

「多少は気がついていました」と答えます。

これが、ダメ男の予兆なのです。

要するに、突然ダメ男に豹変したわけではなく、ちょこちょこと「あれ?」と思うような言動をしていた、ということです。

そんな予兆がわかっていれば、結婚後の生活も予測できたのではないか、と思うことがあります。

女性を幸せに出来ないダメ男は、その予兆を結婚前からたくさん発しているのです。

例えば、

「浮気男」であれば、二股交際が発覚したとか

「束縛男」であれば、携帯をチェックされたとか
「仕事男」であれば　仕事でデートをドタキャンされた
といった具合です。

ところが、あとになれば、「ああそうか」と納得できることも、恋愛中は予兆を予兆とも思わず、見過ごしてしまう女性が多いのです。

やはり恋をしている女性の目にはフィルターが掛かっているのでしょう。

このフィルターが「第一の落とし穴」なんですよ。

そして、どんなダメ男でも、優しさや愛情を持っていますので、それに騙《だま》されてしまうのです。

この優しさが「第二の落とし穴」なのです。

この2つの落とし穴に足を取られると、あとで痛い目にあうのです。一生の伴侶として相手を見るのであれば、ダメ男の予兆に気づく努力をしましょう。

妄想は捨てよう！

1．男性に対して3つの妄想

「男は結婚したら変わる」……という妄想

この「変わる」というのは、彼が善人に変わる、という意味です。

「いってらっしゃい」「おやすみ」のキスをして、夫はウチにいるときは家事や育児を手伝ってくれて、妻に対して感謝の気持ちに溢れていて、家庭を第一に考えているマイホームパパになってくれる。

女性は、結婚後の生活をこんなふうに思っていますよね。「付き合っているときは色々あったけど、結婚したら彼はきっとこう変わってくれる」と思いがちです。

でも、それは女性側の勝手な思い込みです。妄想なんです。

結婚しても男性は変わりませんよ。

むしろ、「釣った魚にえさをあげない」男性のほうが多いのではないでしょうか。

男性は現実的です。

結婚した以上、結婚のメリットを十分に妻に求めます。

貴女が基本的な部分で夫を満足させていれば、揉め事は起きません。

しかし、満足できていないと感じると、夫は不満を言いだしたり、冷たい態度にでたりします。

もともとダメ男の素質を持っている男性の場合はなおさらです。どんどん悪い方向へ変わっていくのです。

例えば、
○ケンカをすると押し黙ってしまう
○妻に不満を感じ浮気をするようになる
○気にいらないと物を投げつける
といった具合です。

決して男性は家庭の中で妻のご機嫌をとってくれたりしませんよ。

むしろ、本来の性格や本性を現し始めるのが普通と考えましょう。

「男性は子どもが出来たら変わる」……という妄想

女性なら、少なからずこんな思いを抱いていますよね。

どんなに乱暴な男性でも、借金をしたり浮気をする男性でも、ふたりの間に愛の結晶である赤ちゃんが誕生すれば、男性は子どもにメロメロになり、妻と子どもを絶対に大事にしてくれる。

こんなふうに思いがちですね。

女性は、男性というものはみんな赤ちゃんを望んでいて、子どもはもちろんのこと、子どもを産んだ妻も大切にしてくれるだろう、と考えています。

これが間違っているのです。

子どもや妻を大切にするのは人間として当然の感情です。その意味では、新しい命の誕生は夫を変える力を持っているといえるでしょう。

しかし、妊娠や出産がきっかけとなって、すべての男性が善人に変身するわけではありません。
○妊娠中にケンカしたら妻のお腹をけった
○赤ちゃんが生まれてもお風呂に入れてくれたことがない
○子どもには関心がない
なんて夫も実際にはいるのです。

最近は「出来ちゃった結婚」をする方が多いのですが、出来ちゃった結婚した夫からはこんな声を聞きます。

「一応、結婚という形で責任をとっただけ」

「彼女が産みたいというからこうなった」

自分は結婚したいとは思っていないのに、という気持ちが見えかくれしていますね。

そう感じませんか？

そんな男性が善人に変わると思うほうが無理なのではないでしょうか。

仮に変わるとしても、お腹の中に赤ちゃんがいると実感できる女性と違って、男性が親としての自覚を持つには時間がかかると思います。

なかなか女性が思うようにはいかないのが現実です。

「男性は年齢とともに自然と変わる」……という妄想

年齢を重ねたり、家庭や社会で経験を積むうちに、男性は自然と人間が丸くなり、真面目で誠実に変わってくれる。

なぜか、そう思いこんでいますよね。

これも妄想です。変わりませんよ。

むしろ、家庭を持った重圧や、自由に使えない給料や時間にストレスや不満を感じて、気持ちやお金に余裕が持てなくなる男性が多いのです。

余裕がなくなった男性が妻にリップサービスをしたり、思いやりのある態度で接することができるでしょうか。

なかにはそうした男性もいるでしょうが、ほとんどの方が日々の仕事の疲れやストレス、悩みや不満を抱えながら必死に生活しているのです。

そんな男性は、家庭で癒しを求めます。それなのに、逆に妻に文句を言われたり、優しくされなかったりすると、失望し荒れていきます。それでも解消できなければ、家庭の外にはけ口を見つけます。すると、妻はさらに不満を言うようになり、お互いに感情が抑えられずにぶつかりあうことが多くなります。

まさに、**「負の連鎖」**ですね。これが一般的な危うい家庭です。

妻の期待通りに夫が自然と変わり、家庭において善人になる、とは考えにくいことです。貴女の意識を変えましょう。

男性に対する3つの妄想、理解していただけましたか?

もし男性に対してこれらの妄想をもっているのでしたら、きっぱりと捨てましょう。

貴女が後悔しないために。

2. ダメ男と結婚しないで!

貴女が結婚に失敗しないために、世の中にたくさんいるダメ男から身を守りましょう。

ダメ男はあるときはじりじりと、あるときは仮面を被って貴女に近づいてきます。

幸せな結婚をしたいなら、まずは前項で述べた妄想を捨てましょう。次に、間違った相手を選ばないように、これから紹介するダメ男に気をつけましょう。それが幸せな結婚生活の第一歩であり、貴女が自分自身の身を守ることにもなるのです。

これから「ダメ男」について見ていきますが、そこで紹介するダメ男の「予兆や特徴」は、これまで私が多くの離婚相談で得たものばかりです。

決して架空の作り話ではありません。そんなダメ男の姿を、貴女の純粋な目と素直な心で見て下さい。

[目次]——婚勝アドバイス

ダメ男47タイプ

★☆★あなたの彼はだいじょうぶ？

ＤＶ男

あめとムチ繰り返す謝り上手

［ダメ男度一〇〇％］ ☻☻☻☻☻

◆予兆

もし貴女（あなた）が彼から……、

⊗ちょっとしたケンカで頬をぶたれたり

⊗意見が合わないと蹴られたり

⊗物を投げられたり

⊗大切なものを壊されたり

⊗態度で威圧されたり

⊗大きな声で怒鳴られたり

こうしたことを1度でもされたなら、彼はもしかして**「ＤＶ男」**かもしれません。

右にあげた言動は、はっきりとしたＤＶ（ドメスティック・バイオレンス）男の兆候なのですが、つい見落としてしまいます。

なぜ見落とすのか？　それは、こんなふうに思ってしまうからです。

「たまたまそういうことがあっただけ」

「私が悪かったからしょうがないのかな」

でも、このように考えるのは危険です。繰り返しますが、右にあげたようなことが1度でもあったら、その男性はＤＶ男かもしれないからです。

こんなハッキリした予兆を見逃すはずがないように思うかもしれませんが、ここに落とし穴があるのです。なぜなら、タチの悪いことに、ＤＶ男はこんな一面もあわせもっているからです。

⊗ケンカのあとに泣いて謝る

⊗素直に反省しているようなことを言う

⊗「自分でも治したいと思っている」と言う

⊗「お前がいなければ生きていけない」と言う

一見すると、心優しい男性と思えますね。しかし、実はこれもＤＶ男の予兆です。ＤＶ男は一方で**「甘えん坊で泣き虫で、さらに謝り上手」**ときているので、「だいじょうぶ。私はちゃんと兆候を見抜けるわ」と思っていても、いつのまにか「もしかして私が悪いの？」と反省してしまう女性が多いのです。

ＤＶ男は普段はおとなしく、職業もいろいろです。決してステータスの高い職業に就いているからと信用してはいけません。ＤＶ男は、意外に高学歴の方でも多いのですよ。

ＤＶ男を見分ける別の方法に、「親子関係を見る」ことがあります。ほとんどのＤＶ男は、親から乱暴な態度で接せられていたり、逆に親への態度や言葉使いがとても乱暴であったりします。こうした親子の会話は、他人が聞いていられないほどです。いずれの場合も、親子関係がうまくいっていないのですが、こうした環境で育った男性はＤＶ男になりやすいのです。

ＤＶは親から子へ連鎖するといわれるのはそのためです。

◆特徴

ＤＶ男がいったんその本性をむき出しにすると、どうなるか。それをA子さんの体験で語ってもらいましょう。

「夫は一度ＤＶのスイッチが入ると、『お前のため』と言って殴ったり、蹴ったりします。『お前が好きだから、怒るんだ』『お前を愛しているから、許せないんだ』というのが常套句です。私に落ち度がなくても、自分の感情の赴《おもむ》くままに、私を傷つけ、コテンパンにやっつけます。そのときの夫の形相は物凄く、まるで何かにとりつかれたかのようです。ひどいとクビを締められることもあります。そして、ひとしきり暴力を振るい、自分の気が済むと、正気を取り戻したかのようになるのです」

Ａ子さんが「別れる」と言うと、泣き、謝り、反省し、「許してほしい」と言いだすそうです。そして、絶対に別れを受け入れず、「別れるのはダメ」と言い張り、Ａ子さんに付きまとうといいます。

このように、ＤＶ男には暴力的な面と裏腹に、甘えん坊で淋しがり屋で泣き虫という一面があり、口説き文句がオーバーです。

女性の側も最初は暴力に驚きますが、甘い言葉に惑わされ、少しずつ慣れていってしまいます。

そんな**「あめとムチ」を繰り返す**のがＤＶ男の最大の特徴ですが、これらのことは、付き合っている期間に、先にあげた予兆としてあらわれるものです。ですから、絶対に見逃してはなりません。

◆アドバイス

もし、ＤＶ男の予兆を少しでも感じたら、結婚はしないで下さいね。

ＤＶは治ることはありません。

結婚して、常に殴る相手を確保できたという安心感から、ＤＶ男に余裕を与えてしまう結果になりかねません。

暴力を継続的に受けることで、心身ともに病んでいきます。「お前が悪いから」といわれ続けると、本当に自分が悪いと思い込むようになってしまいます。

「あめとムチ」を繰り返されると、女性はだんだん尋常な感情を保てなくなります。

そして、自分に自信が持てなくなって、生きる力が失われていきます。

自分は何のために生きているのだろうか、自分は殴られるために生まれてきたのだろうか、などと自問自答を繰り返し、やがて**「うつ病」**になってしまったり、おどおど怯《おび》える生活を強いられるようになります。

最後は相手から逃げる力さえ失ってしまいます。

だから、ＤＶ男の予兆を少しでも感じたら、絶対に結婚はしないで下さい。このことをしっかり心得ましょう。

借金男

「愛があればお金なんて」は幻想

［ダメ男度一〇〇％］☻☻☻☻☻

◆予兆

大好きな彼がもし……、

⊗派手な割にはデート代をけちる

⊗旅行には興味がない

⊗収入を教えない

⊗給料日を待ちわびている

⊗今月苦しいんだ、十万円貸してくれる？

なんてことがあるとすれば彼は**「借金男」**かもしれません。

ところが女性は、「結婚したら養ってもらうんだから、こんな小さなことに拘《こだわ》るのはよそう」って自分に言い聞かせてしまうのよね。それで、借金男の予兆を見逃してしまうんです。

借金男は、食事代やガソリン代・高速代などをしょっちゅうその場で貸してと言ったり、貴女が立て替えたお金を返してくれなかったりします。
さらに、借金男は、ホテル代や自分の車の修理代も立て替えてなどと言いだし、貴女のお金を当てにします。それで足りないと、簡単にローンを組んだりキャッシングをしてしまいます。
そして、もし……、
⊗パチンコが趣味
⊗若くして、お店や会社を経営している
⊗女性慣れしていて、数多くの女性と交流している
⊗車や趣味にはこだわりを持っていて、お金をかけている気配が感じられる
⊗遊興費はおしみなく使う
なんてことであれば、数百万円から数千万円の借金がある可能性が高いのです。
貴女は、こんな予兆を見逃していませんか?
もし、本気で結婚を考えているのであれば、
「彼の貯金通帳を見せてもらう」と良いですよ。

少ないながらも貯金があれば、OKです。もしそれができなければ、彼の部屋に行って、支払い請求書や督促状が届いていないかを確認することです。
あるいは、ズバリ「借金ある？」と聞いてみましょう。
もし彼が……、
⊗黙って答えない
⊗「少しはある」とぼかす
⊗「言いたくない」とそらす
⊗「そのうちきちんと話す」とにげる
こんなふうに答えたら危険です。残念なことに、**結婚するまで借金を知らなかったという女性は意外と多い**のです。
だからこそ、騙《だま》されないように、予兆を見逃さないでください。

◆特徴

借金男は、借金してまで自分の欲求を満たすことに罪悪感を感じません。高額借金男は、年収の何倍ものお金を使っていても全く気にしません。むしろ、使いたいだけ使うことがカッコ良いとさえ思っています。そんなカッコ良さに貴女は騙されてはいけません。

借金男には、2つのタイプがあります。

1つは、自分が元気で働いていさえすれば、どんなに高額でも借金は必ず返せると信じるタイプで、もう1つは、誰かが何とかしてくれる、どうにかなるさ、と甘く考えるタイプです。いずれにしても、いい加減な考えの持ち主です。

前者のタイプは、人を当てにはしませんが、借金額が減ることはありません。

後者のタイプは、結婚をすると妻のお金を当てにするようになります。

貴女の収入が高く安定しているとすれば、そのお金が目的で結婚するのかもしれませんよ。気をつけましょう。

誰でも、自分が借金していることを他人には知られたくないものです。借金男も例外ではありません。自分から借金があるなどとは言いません。

借金がわかって結婚を反古《ほご》（キャンセル）にされたくないので、結婚前には隠し、結婚後に打ち明けるのです。注意しましょう！

◆アドバイス

借金男の予兆があれば、結婚は止めましょう。

結婚したら経済的に苦労するのは間違いありません。

貴女がバリバリ仕事をして、細かいことに拘らない太っ腹の女性だとしたら、間違いなく借金男の餌食《えじき》にされてしまいます。

結婚して貴女の収入を借金の返済に充《あ》てたとしても、感謝されるどころか、逆に気に入らないことが起きると、さらに借金をして自分のうっぷんを晴らすようになります。ますます借金が増え、減ることはありません。ある日、新たな支払い明細書が届いて、また「増えている借金にびっくりする」ことになるだけです。

基本的な生活を送れるならまだしも、高額な借金男といっしょになると、電気やガスを止められてしまうことも珍しくありませんよ。返済がどうにもならなくなって、自己破産や債務整理といった法的解決をする借金男も多いです。結婚してそんな苦労はしたくないですよね。**借金返済に追われる生活なんて地獄**ですよ。

使うのは簡単、でも稼ぐのは並大抵ではありませんもの。

「愛があれば、お金なんてどうにかなる」なんて、幻想ですよ。

転職男

プライド高く人のせいにしてばかり

［ダメ男度八〇％］ ☺☻☻☻☻

◆予兆

もし彼が、こんな理由で転職し続けていれば**「転職男」**の可能性大です。

⊗「会社が自分の能力を認めてくれない」
⊗「配属場所が自分に合っていない」
⊗「仕事は簡単なんだけど、上司との折り合いが悪いんだ」
⊗「頼まれて入ってあげた」

転職男は、このように自分に都合の良い言い訳をして、転職を繰り返します。いかにももっともらしい言い訳ですが、なるほどね、と簡単に信じないで下さいね。

転職男は、会社を辞めた理由を非常に上手に説明します。聞いていると、自分が悪いのではなく、あたかも会社が悪いから辞めざるを得なかった、と聞こえますし、自分から会社に見切りをつけてやった、などと強がったりします。

ところが、よくよく聞いてみると、どれも子どもっぽくて、聞いていて情けなくなるような理由ばかりです。
それでも簡単にだまされてしまいます。「恋は盲目」といいますからね。
転職男は、会社を辞めた理由だけでなく、さらにこんなことを言ったりします。
⊗職場や同僚の悪口
⊗給料や就労時間・休暇など待遇の不満
⊗もっといい仕事がある
⊗将来の大きな夢があって、それが実現しそう
もし、彼が平気でこんなことを言っていたら、転職男の可能性はさらに高まります。
そのほか、入社したばかりの会社にイヤイヤ行くとか、現在の仕事に就いてまだ1年も経っていないのに、よく求人情報を見ていたりすれば、やはり要注意です。
どれもわかりやすい予兆ですので、見逃さないようにして下さいね。

◆特徴

転職男は、誰にも相談もせずに思い立ったら仕事を辞めてしまいます。

自分の感情や気持ちに忠実に行動する、と言えば聞こえは良いのですが、**要は忍耐力や協調性がない**のです。

そのくせ、プライドだけは人一倍です。

そんな転職男は、自分を特別扱いしてほしい、認めてほしいと自己中心的だったり、自己顕示欲が強いタイプが多いです。

さらに、嫌なことはしたくない、無理しても意味がないなどという片寄った価値感をもっています。

新しい職場に行っても三日で辞めてしまう即決タイプや、年単位で転職を繰り返すタイプの転職男がいますが、どちらも自分なりの言い訳を用意しているので、会社を辞めるたびに家族と衝突するようになります。

自分自身は困っていないのでけろっとしていますが、妻や家族は情けなさと不信感で責めてしまいます。すると、だんだんと辞めたことを秘密にしたり、責められるのを回避するために、一定期間引きこもったりもします。

転職男と結婚すると、当然一時的に収入が無くなり、ある程度の年齢に達すると、転職しても年収は下がる一方になります。わびしい限りです。

◆アドバイス

「結婚したら、転職はしない」なんていう言葉を信じてはいけません。

転職男は、結婚しても家族のために頑張ろう、子どものために我慢しようとは思いませんし、仮に一時的にそう思っても、性格上長続きできないのです。するとやがて「転職はおれの勝手だ、権利だ」なんて言ったりします。どうですか？　こんなこと言われたら。

そんな男を夫に持つと、経済的にも精神的にも不安定で、幸福感などとても味わえません。当たり前のことです。わかりますよね。

仕事を辞める、転職するって決して悪いことではないのですが、それが度重なると、妻は夫を馬鹿にするようになってしまいます。そうなったら、ますます幸福感など持てなくなります。

貴女が夫を一生養ってもいい……、なんて思っていれば大丈夫かもしれませんが、なかなかそうはいきませんよね。

マザコン男

逆ギレされふたりの間に溝が

［ダメ男度八〇％］☺☻☻☻☻

◆予兆

もし貴女が彼から……、

⊗自分の母親の自慢話を聞かされたり

⊗「母親が理想」なんて言われたことがあったり

⊗「お母さんを信頼している」

⊗「お母さんを尊敬している」

などと言われたら、彼は**「マザコン男」**かもしれませんよ。

すると、彼を好きになった貴女は、こう思うかもしれませんね。

「そんなこと誰だって言うんじゃない?」

「私だって父親のこと大好きだから、気持ちわかるのよね」

そんな思いが、マザコン男の予兆に気づかせなくするのです。

ところが、ですよ、ふたりの関係に彼の母親が加わってきたらどうでしょう？　そして、彼とお母さんは、話で聞いたよりももっと仲良しだってわかっても、耐えられますか？　例えば、

「デートは週1回までにしなさい」

「結婚するなら、おしとやかな人でないとダメ」

「育ちが合わないと、ウチには無理よ」

なんてお母さんに言われたら、どうでしょうか。平気でいられますか？

「ん？　おかしい！」って思いますよね。

お母さんがこんなことを言いだして、それに従順に従うようなら、その男は筋金入りのマザコン男です。わかりますよね！

そんな彼に「あなたってマザコンでしょ？」というと、

「親を大切にしてるだけ。それって悪いこと？」なんて逆ギレされたりします。

母親を大切に思う気持ちは立派です。そこまで思われているお母さんを羨《うらや》ましくも感じますよね。

でも、付き合っている女性に、お母さんの自慢やのろけ？　を堂々と言うのは、母親

思いとはちょっと違うでしょう、と思うのですよ。それを理解できないと、予兆を見逃すのです。

彼がもしマザコン男で、母親と同居していたら、着るものから食べるものまで、行動などかなり母親に管理されているはずです。いつもアイロンがビシーッと掛かったシャツやハンカチを身につけていたり、同居しているのに、メールのやり取りをしていたりします。別居していても、週に1度は必ず母親に電話をして、その間の報告をするので、母親の近況もよく知っていたりします。こうしたことも予兆ですよ。

試しに「お母さん元気?」と聞いてみるのもいいですね。

「元気だよ。先週は近所の友達と温泉に行ったって言ってたから」とか「最近、疲れているみたいだよ。きのう電話したら、なんとなく頭が重いって言ってたから」などと、お母さんの近況をくわしくベラベラしゃべるようなら、それは間違いなく予兆と心得ましょう。

◆特徴

マザコン男は何でもお母さんに**「報告・連絡・相談」**してしまうんです。

なので、話をしていると、随所に「お母さんに言われたんだ」みたいなことを言います。「報告・連絡・相談」した結果、お母さんのアドバイスに従っているわけです。マザコン男は、お母さんがどんなアドバイスをしても、それに疑いを感じないのです。気持ち悪いですよね。

また、そういった親子関係にも疑問を感じていません。それがマザコン男です。子どもの頃からの習慣や、小さい頃から築いてきた親子関係は誰にもわかってもらえないと思っています。

そんなマザコン男と結婚すると、夫婦の間に何か問題が起きると、すぐ実家に帰るか、母親が夫に変わって妻との話し合いを求めてきたりします。ひどい例として、妊娠時に「まだ早いから、おろしなさい」と夫の母親に言われた方もいます。

最悪！　で、許せませんよね。

結婚後もし貴女が、何でも母親の言い分を聞き入れたり、母親を優先したりすることを不満に思い、それを夫にぶつけても、マザコン男は解決してくれることはありません。

また、母親が間違った行動をとったとしても、マザコン男はお母さんに「やめてほしい」とは絶対に言えません。

言えないなんて間違っていますよね。これ、妻としたら絶対に辛いです！

お母さんとはいえ、夫婦の関係に口を挟んできたり、余計なことを言った時は「その行動は間違っている」「やめてくれ」と言うのが当たり前でしょうが。そう言えないのがマザコン男なんですよ。

さらに、母親の「間違った行動」を「間違っていない！」と、なんだかんだと屁理屈を言ってくる、ひどいマザコン男もいます。要するに、お母さんは間違っていない、間違っているのは君だと言われてしまうのです。

さ・い・あ・く　ですね。

◆アドバイス

マザコン男と結婚して、「苦しい」「つらい」と訴えてこられる奥様は多いです。

どんな状況でもお母さんの味方をして、お母さんを優先し、お母さんの言うことをきくマザコン男を受け入れられますか？

男性は少なからず誰しもマザコンの気はあります。でも、度を越えていると貴女が感じるのでしたら、結婚はしてはいけません。

だって、マザコン男は結婚すると、ますます「お母さん」が恋しくなってしまうからです。

そばにいる貴女がそれを感じて辛くなったり、嫉妬《しっと》にかられてしまいますよ。彼のお母さんと、バチバチと嫉妬の火花をちらすなんて恐ろしいですものね！

結婚し、マザコン男が生活の全ての面で母親と貴女を比較したり、自分より母親に相談したりすると、女性は妻として蔑《ないがし》ろにされているような気持ちになるものです。

そんなふうに貴女が傷ついたり裏切られたりすると、夫が嫌いになって、夫婦間に大きな溝をつくってしまいます。

それを貴女は我慢できますか？　乗り越えていけますか？

自信がないのでしたら結婚は諦めましょう。

モラハラ男

自分を正当化して支配し続ける

［ダメ男度一〇〇％］☻☻☻☻☻

◆予兆

もしかして彼は……、

⊗いつも不機嫌
⊗思い当たることがないのに急に不機嫌になる
⊗嫉妬深い
⊗上から目線で話す、話し方が偉そう
⊗命令する
⊗貴女の行動を制約する
⊗外面《そとづら》が良い
⊗口が悪い、口が立つ

だったりしませんか？

もし2つ以上当てはまることがあれば、彼は**「モラハラ男」**かもしれませんよ。

モラハラ男は付き合い始めは優しくて、しかも頭が良いので、右のような言動をモラハラ男の予兆と見極めるのが難しいかもしれません。

また、身体的暴力を伴わないので、精神的暴力のモラルハラスメントとは気がつかない女性が大半です。色々な不信感が積み重なって、初めて「あれ?」と思うようになります。

モラハラ男は、貴女の心を掴むにつれて**言葉の暴力をエスカレートさせていきます**。セックスをした、婚約した、結婚したなどの段階を踏むにしたがって、大きく変わっていくのです。

よーく胸に手を当てて、彼の言動に注目し、予兆を見逃さないようにしましょう。大事なことです。

たとえば、セックスを許してしまうと、こんなふうな言葉が口をついて出てくるようになります。

「お前みたいな女を抱いてやったんだ。有り難いと思え」

「これからオレの言うこと聞けよ」

「これでお前はオレのものだ」

この段階では、**「愛されているからと錯覚」**し、まだ予兆とは気がつかない女性が多いです。

しかし、結婚の約束をすると、こんなことを言いだします。

「オレの親も大事にしろよ」

「オレの気に入る妻になれよ」

「オレのやることをよく見て、先回りして気をきかせろよ」

このように、「この人はもしかして亭主関白？」と思わせる言葉が多くなります。

この予兆わかりますか？　声のトーンや表情なども予兆と思い、しっかり見ましょうね。人によっては嬉しく感じたり、または全く逆に嫌悪感を感じます。

もし貴女が嬉しいと感じているとすれば、要注意です！

なぜだかわかりますか？　貴女が喜ぶと、つけあがって、結婚後は常に威圧的な態度で、お前が悪いから、と言いながらこんな暴言を吐くようになるからです。

「お前は役立たずだ」

「お前はのろまでバカだ」

「何でそんな簡単なことが出来ないんだ」

「お前といても楽しくないんだよ」

「お前みたいな女は恥ずかしい存在なんだよ」

これでもかと言わんばかりに、妻の人格を否定するようなことを平気で言い、徹底的に罵倒します。直接の身体的暴力はないまでも、ドアをわざと大きな音を立てて閉めたり、テーブルをドン！と叩いたり、壁をけったりと、ＤＶ男まがいの行動をします。想像しただけで怖くなってきますよね。どうですか？　貴女の彼に心当たりありませんか。

モラハラ男の予兆は「それって、もしかして暴言？」と、見方を変えるとわかってきます。一度は疑って彼を見てみるのもいいかもしれません。

モラハラ男の予兆は、意外にたくさんあるものです。

◆特徴

モラハラ男はＤＶ男と同様に、結婚するとモラハラをぶつける相手を確保できた、自分のしもべができたという安心感や満足感を持ちます。

生活の中で貴女がちょっとしたミスをしたり、モラハラ男が決めたルールを破るなどすると、物凄く機嫌が悪くなり、威圧するような行動をとります。それが何日も続き、やがて暴言を吐くようになります。

「お前は何の役にも立たない」

「お前は使えない」

「オレの言うことを黙って聞け」

「お前のような女を養っているオレの気持ちがわかるか？」

日常的にこんなことを言うようになり、「主人と奴隷」という関係を作っていきます。

モラハラ男は**言い訳が上手で、自分を正当化するのにも長けています。**

たとえば、こんな具合です。

「お前の言うことを聞いた結果、こんな嫌な目にあったんだ。お前の言うことを真に受けたオレが間違いだった」

「お前はこんなことも言わなければわからないんだな。そんなことを理解していなかったオレが悪いんだな」

このように言われると、なんとなく自分が悪かったのだと思い込んでしまいます。

決して殴る蹴るといった身体的暴力は振るわないので、他人にはわかりにくいのも特徴です。

◆アドバイス

モラハラ男とは結婚してはいけません！　治りませんよ、モラハラは。

「結婚したら、ひどいことは言わない」なんていう言葉を信じないで下さいね。

結婚したら……、子供を産んだら……、変わってくれるかも、と思う女性が多いのですが、モラルハラスメントは治るどころか、密室の中でさらにエスカレートしていきます。

夫婦関係も「支配する側」と「される側」という関係になり、絶対服従を求められます。

貴女は夫の奴隷になれますか？　その覚悟がありますか？

夫の暴言を浴び続け、繰り返し「お前は何も出来ない役立たずだ」と言われていると、自分は本当にダメな人間だと思うようになっていきます。

自分が自分でなくなります。

貴女をそんな状態に陥《おとしい》れるモラハラ男と絶対に結婚しないで下さいね。

モラハラ男と結婚すると、どんな女性でも心が病んでいき、結婚したことを後悔します。ＤＶ同様に、長年のおさえつけや不条理な生活により、素直な感情や正常なモラル感が失われていきます。場合によっては体調を崩したり、夜眠れなくなったり、夫の声を聞くだけで過呼吸になるなど、**「パニック障害」**などを患ってしまう方も少なくありません。

やがて人生を諦めるようになって、結婚生活は必ず破綻してしまいます。こんなことになったら取り返しがつきませんよ。

もし彼がモラハラ男だとしたら、結婚前に別れる勇気を持ちましょう。

神経質男

度を越せばうっとうしいだけ

［ダメ男度六〇％］ ☺☺☻☻☻

◆予兆

もしかして彼は……、

⊗キレイ好きで、少しのほこりやゴミにもうるさい

⊗食べる前にスプーンの裏表や食器の縁など満遍なくチェックする

⊗渋滞や人ごみではイライラする

⊗Ｔシャツのしわを気にし、洋服のたたみ方にこだわる

⊗決まった時間に決まったことをするなど、かなり規則正しい生活をしている

⊗居酒屋やレストランで、自らテーブルを拭く

⊗旅行や出張の際は、何回も荷物やパンフレット・切符を確認する

⊗食べ物の熱さや素材の切り方などに注文をつける

⊗置き場所、使い方などを決めていて、従わないと怒る

こんなこと、ありませんか？

もし2つ以上当てはまるとすれば、彼は**「神経質男」**かもしれません。

こんなに予兆がたくさんあるのに、なぜ見逃してしまうのでしょうか？

それは、彼の行動を裏返せば、とってもキレイ好きに思えたり、自分で確認しないと気が済まない責任感がある人なの？　と**良いほうに解釈することができる**からなんです。

車はいつでもピカピカ！　部屋は整理整頓できていて、掃除も行き届いている、自分のことは自分でなんでもやってくれて手が掛からない。そんな彼を見て、勘違いしてしまうのです。そこが落とし穴なんですよ。

さらに、過ぎてしまったことをいつまでも繰り返し嘆《なげ》いたり、起きるかどうかわからない先のことをあれやこれやと気にします。例えば……

「さっき通ってきた交差点で何か轢《ひ》いた気がする。なんかそんな気がするんだよ。戻ってみてくるよ。凄く心配なんだ」なんて繰り返し言ったり、

「明日会社にいったら、君はクビだとか、左遷するなんていわれたらどうしよう。一生懸命やってきたのに信じられないよ。席がない、タイムカードがない……、オレ死

んじゃうよ。自殺するしかないよ。どうやって死んだらいいんだろう」なんて言ったりします。

彼がこんなことを言っていたら、間違いなく神経質男の予兆です。

しかも、単純な神経質男ではなく、病的な神経質男です。くれぐれも予兆を見逃さないようにしましょう。予兆がいくつも当てはまったら、神経質男と見るべきですね。

◆特徴

神経質男は、他の人があまり気にならないようなことを必要以上に気にします。特に、キレイさや清潔さに非常にこだわります。

神経質男と結婚すると、帰宅後、部屋を見回して掃除のチェックをされたり、食器を洗い直させられたりと、妻にしたら理不尽な思いを強いられます。

さらに生活面では、入浴の手順や食べる量や順番にまでこだわりを持ち、それを妻に強要してくるケースがあります。

妻が自分の思うようにやっていなかったりするとイライラし、怒ったり、怒鳴ったりすることもあります。

特に注意するのは病的な神経質男です。普通の神経質なら、汚いものをキレイにすることで済みますが、病的な神経質男はそれだけではおさまりません。そんな男といっしょになったら、どうすることもできませんよ。

◆アドバイス

神経質男には、貴女が好きになるような良い面があるのも事実ですね。だから「神経質くらい、どうにでもなるわ」と思い、結婚する方も多いのです。

でも、神経質男と結婚すると生活がたいへん窮屈です。夫にまた文句を言われるのではないかとビクビクしたり、文句言われないように気を使いへトヘトに疲れてしまうようになります。

夫の目を気にしながら生活するなんて、他人の家に居候《いそうろう》しているみたいじゃないですか？

やがては夫をうっとうしく思い、「小さいことにこだわる嫌な人」となってしまいますよ。

彼の神経質の度合いが自分に受け入れられる範囲かどうか、よく見極めましょう！

まったり男

安心タイプも物足りなさ感じ

［ダメ男度二〇％］ ☺☺☺☺☻

◆予兆

貴女の彼は……、

⊗外出が好きではない

⊗あまりしゃべらない

⊗動くのが嫌い

⊗感情表現（うれしい・くやしいなど）をあまりしない

⊗意思表示（やりたいこと・行きたい場所など）をしない

⊗声が小さい

⊗読書やビデオ鑑賞が大好き

⊗お金を使わない

⊗買い物には興味がない

だったりしませんか？　もしいくつか当てはまったら、彼は**「まったり男」**かもしれません。当てはまるものが多ければ多いほど、その可能性は高いですね。
このような予兆は「あまり気にならない」「彼の性格のひとつ」と思えるので、つい見逃しがちです。
まったり男は、相手を喜ばせようと思わないし、喜ばせることが苦手です。なので……、
⊗サプライズな演出をされたことがないし、しようともしない
⊗気の利《き》いたプレゼントをもらったことがないし、プレゼントしたこともない
⊗デートはあまり盛り上がらない
⊗状況に合わせて行く場所を変えない
⊗目的のお店がお客でいっぱいでも、ひたすら待つ
⊗貴女が落ち込んでいたり元気がなくても、普段通りに接する
⊗家に帰りたがる
という傾向があります。これも立派な予兆です。「あるある、そんなことが」と思い当たったら、貴女の彼は間違いなくまったり男ですよ。

◆特徴

まったり男は「悪」ではありません。穏やかで癒し系？　なんです。が、反面「気が利《き》かない」「反応がない」「一緒にいても面白くない」「物足りない」人でもあります。

まったり男は、外で活動的に過ごすより、家でなるべく静かにゆったりとしていたいと思っています。

いるかいないかわからない影の薄い存在になってしまうかもしれませんが、**浮気や借金や暴力の心配をする必要がないので、夫としては安心なタイプ**ではあります。

ただ、気持ちがいつも安定して落ち着いているので、周囲の人には感情がわかりにくいのです。乱暴な言葉や態度がない反面、はっきりとした意思表示もありません。それが欠点です。

◆アドバイス

癒し系のまったり男との結婚は悪くはないですよ。

夫のまったりしている性格を受け入れられれば、ノープロブレム！

刺激はないかもしれませんが、その分、平和で穏やかな家庭になるのではないかしら。

ただ、もし貴女が強い意見や刺激を求めだすと、間違いなく不満を感じるようになります。

結婚生活が長くなり、それぞれの生活が自立していく頃になると、貴女の思うままに従ってくれますので、一緒にいても楽になります。そこまでがある意味、辛抱です。

まったり男と結婚したら、「一緒にいても面白くない」という不満を持つことがないように、貴女も努力しましょう。

だんまり男

ここぞでも言わない平穏主義

[ダメ男度二〇%] ☺☺☺☺☻

◆予兆

もし彼が……、

⊗無口なほうだ
⊗会話が続かない
⊗話の最中、間《ま》が長い
⊗自分以外の人と楽しそうに話しているのを見たことがない
⊗友達がかなり少ない
⊗必要だと思うことも言ってくれない
⊗何時間でも黙っていることがある
⊗言葉が足りなくて、主旨・目的がわからない時がある
⊗話すことを面倒くさがる

もし2つ以上当てはまるとしたら、彼は**「だんまり男」**かもしれません。

女性の中には、「男性はあまりおしゃべりでないほうが好き」「言葉よりも態度が誠実なら」と思っている人がいますが、そんな女性はこの予兆になかなか気がつかないかもしれません。

でも、貴女が「ここで言ってほしい」と思うときに……、

⊗自分からは黙って何も言わない

⊗その場を収めることもしない
⊗自分には関係ないような素振りをする
⊗弁解や説明をしてほしいときでも黙っている
⊗かなりの問題に発展し、「貴方《あなた》はどう思う?」と意見を求められても何も言わない
⊗ひどいとその場からいなくなる

こんなはっきりしない態度をとられたことはありませんか?
もし思い当たれば、それは完全にだんまり男の予兆です。

◆特徴

だんまり男は、実は**「平和主義」**なのです。なので、嵐が去るのをじっと待っています。黙っていれば身を守れると思っています。

しかし、言わないことで、「はっきりしないヤツ」「何を考えているかわからない」と、周囲は一歩ひいてしまいます。

だんまり男は普段は黙っていて、なおかつ、**ここぞというときでも黙っている**ので、頼りがいがなく、信頼感がもてません。

黙っていることが悪いと言っているのではありません。言うべき時に言わない、そのことについて何も考えていないという無責任さと無関心さに腹が立つのです。本人は周りからなんと言われようと、だんまりを決め込みます。これがだんまり男の特徴です。

◆アドバイス

貴女が「引っ張ってもらいたい」「家庭のなかで会話を多くしたい」と思っているとしたら、結婚しても満足することはありません。

夫にはっきり言ってもらいたいのに、黙っている。

「どう思ってんの？」と聞いても、無言。

どうですか？　大切なパートナーにこんな態度をとられて我慢できますか。

貴女がコーチングに長《た》けていたり、粘り強く夫と向き合っていけるなら、だんまり男は「悪」ではありませんので、結婚するのも良いでしょう。

貴女次第で変わる可能性がある男性かもしれませんよ。

コミュニケーション不能男

直接話してますか

［ダメ男度四〇％］ ☺☺☺☻☻

◆予兆

もしかして彼から……、

⊗「付き合ってほしい」

⊗「一緒に○○に行こう」

⊗「実は悩みがあるんだ」

⊗「君に頼みがある」

⊗「言いにくいんだけど……」

なんていうことを、全てメールで伝えられていませんか。そうだとしたら、彼は「**コミュニケーション不能男**」かもしれませんよ。

でも、携帯電話は誰でも持っていて、「メールで会話するなんて当たり前のことじゃないの？」と思ってしまいますよね。だからコミュニケーション不能男の予兆を見逃してしまうのです。

だって、会えるなら、会った時に言えばいいし、顔を見て話をしなければならないことってあると思いませんか？　会うと大事なことは言わずに他愛もない話しかしてこないとしたら、これも予兆のひとつです。

ためしに、彼に会った時に、こう言ってみてください。

「この前のメールのことだけど、何が言いたかったのか、もう一度教えて！」

もし彼があまり良い顔をしない、曖昧にかわそうとする、黙ってしまうなど、面と向かってきちんと話をしそうになかったら、それもコミュニケーション不能男の予兆です。メールでのコミュニケーションしかできなければ、後々に、気持ちが通じ合わないカップルになってしまいます。

◇特徴

メールなら何でも言えるが、実際会って顔を見ると大切なことを言いだせない、それがコミュニケーション不能男です。これはまずいですよ！　分かり合えていないのに分かり合えてる、と思いこんでいるんですから。

要するに、相手に感情をぶつけられたり、険悪な雰囲気を避けるために、直接相手の顔を見て、気持ちを伝えたり、意見の交換や議論することができないのです。ふたりの間の会話がメールばかりだと、何年も付き合っていても、お互いの本心を分かり合えないカップルになってしまいます。

◆アドバイス

会話のほとんどがメールだとしたら、結婚するのはまだ早いです。相手の表情や声のトーンがわからなかったり、涙や顔色を見ることができなければ、本心や本意は伝わらないですよ。

コミュニケーション不能男と結婚すると、結婚後も会話をメールでする、なんて生活が続くようです。おかしくないですか？ なんだかバーチャルの世界にいるみたい。

貴女はそれでいいのですか？

夫と心が通い合わないなんて、とっても不幸なことだと思います。

いつまでもメールに頼っているようでは、信頼関係を作るのはかなり難しいですね。

ちゃんと顔を見て会話が十分できるようになったら、結婚しましょう！

浮気男

優しさと寛容さが表の顔その裏で

［ダメ男度八〇%］☺☻☻☻☻

◆予兆

もし彼が……、

⊗自分と付き合う直前まで別の女性と付き合っていた
⊗多数の女性と交流している
⊗携帯には女性のアドレスや携帯番号がたくさんある
⊗携帯はロックしている
⊗女性に甘えるのが上手、または好き
⊗何をしているかわからない日や時間がある
⊗セックスを軽く考えている
⊗ナンパされて付き合うようになった
⊗過去付き合った女性の自慢をする

もし1つでもあるとしたら、彼は**「浮気男」**かもしれませんよ。

でも、多くの女性はこう思ってしまいます。

「私の存在は特別！　今までの女性とは違うわ」

「彼はとても魅力的、女性が寄ってきても仕方がないのよ」

こんなふうに思ったら、浮気男の予兆に気づかなくなるようですね。

浮気男は、結婚しても浮気をすることを前提にしていますので、貴女に対して下心を持ちながら、こんな寛大な言葉を吐きます。

⊗「結婚しても仕事は続けていいよ」
（遊ぶお金がほしいから）

⊗「女同士の旅行や遊びもどんどんしなよ」
（浮気の時間がほしいから）

⊗「仕事が忙しいからあまり家には居れないかも」
（新しい出会いのチャンスがほしいから）

⊗「家事は頑張らなくてもいいからね」
（オレも外で楽しくやらせてもらうよ）

こんなことを彼から言われているとしたら、やはり浮気男の予兆と思ってください。
他には、
バッグにコンドームが入っていたり、
携帯のホルダーに女性とのツーショット写真がしまってあったり、
ホテルの領収書やカードの支払い明細があったり、
携帯には女性からの着信がいっぱい。
これらもはっきりとした予兆ですが、もっともらしい弁解をされると、彼の潔白を信じてしまう女性がたくさんいます。
婚約中に浮気がばれてしまった、なんていうことがあるとすれば、完璧な浮気男です。
言い訳も上手ですので、騙されないようにして下さいね！
貴女が泣くことのないように、浮気男の予兆をはっきり認識しましょう！

◆特徴

浮気男には大きくいって次の３タイプがあります。

①一夜限りや風俗通いなどの遊びタイプ

このタイプの浮気男は、家庭を壊すことは考えていないので、気づかれないように普段通りの行動をとります。浮気を知られないように、かなり神経を使っています。

②長期愛人タイプ

結婚する前から長年同じ人と付き合っているが、結婚の意志はない。

③本気タイプ

これは厄介です。相手に本気で惚れ込んでしまい、妻と別れて相手と一緒になりたい一心で自分の気持ちを妻に打ち明けます。打ち明けた後は堂々と浮気相手と会うようになります。

浮気男は愛に飢えていて、女性に優しくされたい、大事にされたいという気持ちを強く持っています。

浮気に対する罪悪感は薄く、浮気の現場を押さえられても、動揺することもなく「お前が悪いからこうなったんだよ」などと妻に責任転嫁してきます。

◆アドバイス

浮気男と結婚しても幸せにはなれません！

複数の女性にモテル男性はかっこ良くて魅力的に感じると思いますが、**そんな相手とは恋愛止まりがオススメ**です。

恋愛中は浮気がわかっても、それが刺激となり、ふたりの恋を盛り上げてくれる潤滑油になるかもしれませんが、結婚となるとそうはいきません。

気持ちは不幸のどん底に落ち、夫を憎《にく》んだり、恨《うら》んだり、遠ざけるようになります。

そうなると夫婦関係は険悪になり、離婚に至らなくても「仮面夫婦」になってしまいます。

貴女に夫の浮気を許す寛大な心があれば別ですが、そんな寛大な心を持てるようになるには、結婚後20年くらいかかると思いますよ。

結婚は諦めて、恋愛を楽しみましょう。

仕事男

社会人の鑑も家庭サービスは期待薄

[ダメ男度二〇%] ☺☺☺☺☻

◆予兆

もし彼が……、

⊗残業続きで夜中に帰宅する日が多い
⊗土日も出勤することがある
⊗会話の中によく仕事のことが出てくる
⊗会社での昇進・昇格を目論《もくろ》んでいる
⊗上司や同僚との付き合いがマメ
⊗仕事が忙しく、休日はクタクタで寝てばかり
⊗有給は使えない（使わない）
⊗休みの日でも、会社から緊急の呼び出しがある
⊗家でも仕事をする

なんていうことが1つでもあれば、彼はもしかして**「仕事男」**かもしれません。

一見すると、真面目で仕事熱心で、社会人の鑑《かがみ》とも思えますね。だから、真面目な女性ほど「こんなこと当たり前じゃないの?」と思いますね。

そう、当たり前のことなのです。が、結婚後、こうした言動が不満に思えてくると、それが**「立派な離婚理由」**になってしまうんですよ。信じられますか?

では、さらに具体的な仕事男の予兆を見てみましょう。

⊗記念日や誕生日を忘れる
⊗夏休みやお正月の予定がなかなか決まらない
⊗平日夜の約束には必ず遅刻する、時にドタキャンする
⊗バレンタインデーやクリスマスでも仕事を優先する
⊗長い休みは取れない（取らない）

どうですか? こんなことがあれば、間違いなく立派な仕事男だと心得ましょう。

◆特徴

仕事男は、結婚後、家に帰れば食事が用意されていて、掃除・洗濯、子育ても妻がひ

とりでやってくれていると、ますます仕事に身が入っていきます。当然、家族サービスの時間はありませんし、家事の手伝いや育児の協力なんていうものとも無縁になっていきます。子どもの入学式や運動会には参加しませんし、転勤して赴任先に妻や子どもが付いていっても、家庭をかえりみることがありません。要するに、仕事男は家庭のことや子どものことは「貴女に全てお任せ」なんです。問題が起きて相談すると、「オレは家族のために仕事をしている。家庭のことは君に任せておいたのに……」と、協力どころか不満を言ってきます。

◆アドバイス

はっきり言いますと、仕事男と結婚すると、家族がいつも一緒の楽しい家庭は望めませんね。

しかし、働き者の夫になることは間違いないので、生活の安定は望めますよ。経済的に安定した生活の中で、貴女がいかに自分のやりがいや楽しみを見つけられるかがポイントになってきます。

家事や子育て、家庭の中のことは貴女が「自分でする」と最初から心に決めていれば、夫が仕事にかまけてゴミ出しひとつ手伝ってくれなくても、不満を感じることはないでしょう。

夫のサポート役に徹し、夫を一流のサラリーマンや起業家として成功させよう！　という気持ちでいれば、結婚生活はむしろ大変に上手くいくと思います。

でも、貴女がマイホームパパを望むのでしたら、結婚はもう一度考え直しましょう。

がさつ男

尻ぬぐいさせられ不信感募る

［ダメ男度二〇％］☺☺☺☺☻

◆予兆

もし彼が……、

⊗着る物には無頓着、ズボンやシャツがしわしわで汚れてても気にしない

⊗食器が汚れていても気にしない

⊗お箸や食器の扱いが乱暴

⊗ドアの開け閉めの強さに無頓着
⊗生活音を気にしない
⊗靴は脱いでも揃えない
⊗床に落ちてる物をけってどける
⊗ゴミをゴミ箱に投げて捨てる
⊗物をよく壊す
⊗包装や箱などの入れ物を無理に開けようとする

こんなことが当てはまったら、彼は行動が**「がさつ男」**であるかもしれません。

「でも、考えようによっては大らかな性格ともいえるんじゃないの」とか、「神経質な男性より、細かいことを気にしないのっていいわよね」なんて思っていて、予兆に気づかないでいる女性も多いんですよ。

では、今度は行動ではなく、感情面での「がさつ男」の予兆をあげてみますね。

⊗「お前が間違ってるんだよ」
⊗「簡単に考えればいいんだよ」
⊗「難しいこと言われてもわかんないから」

⊗「勝手にすればいいんじゃないの」
⊗「そんなこと考えても仕方ないだろ」
こんなことを1回でも言われたら、結構へこんでしまうので、覚えてますよね。
もしこんなデリカシーに欠けること言われてるとしたら、やっぱりがさつ男の予兆と見るべきですね！

◆特徴

がさつ男は行動面でも感情面でも、繊細さや配慮に欠けることが多いです。

発言や立ち居振る舞い、所作が乱暴に感じられるので、貴女が不信感を持ったり、傷つくことが多々あります。物に対しても丁寧に扱うことはありませんので、失くしたり、壊したりということがよくあります。

また、人の心や気持ちを深く考えないので、誤解されたり、敬遠されることがあり、誰とでもスムーズな人間関係を築く、というわけにはいきません。

でも一方では、人見知りもなく、誰でも警戒しないで受け入れるという良い面もあります。

◇アドバイス

このタイプの男性は、**体も心も大きい方が多いです。**

結婚すると絶対に後悔する、ということはありません。

ただ、結婚すると、無頓着で気がつかない夫のお世話が必要になるので、妻が夫の尻拭いをしなければならないようになります。そして、夫の多少の心ない言葉は、自分で感情をコントロールして受け止めることが必要ですね！

上手くいっているうちは良いのですが、夫婦間でトラブルが起きると、夫の行動が鼻についてきたり、発言が許せなくなって溝ができてしまうケースがあります。

とはいえ、がさつ男は特別「悪」ではないので、貴女の深い懐があれば上手くやっていけます。

寛大な女性になる！　これが一番の円満策のようです。

子ども男

無責任な人任せが大得意

［ダメ男度四〇％］ ☺☺☺☻☻

◆予兆

もし彼が……、

⊗問題が起きると逃げ出す
⊗嫌なことには係わらない
⊗言うべきことを言わない
⊗都合が悪いと黙って見過ごす
⊗謝ることが出来ない
⊗親には意見を言えない
⊗うそを言ってもバレないと思っている
⊗気に入らないとダダをこねる
⊗気分が悪いと、それを顔や態度にあからさまに出す

2つ以上、当てはまるとしたら、彼は**「子ども男」**かもしれませんよ。

ただ、このような予兆は簡単にはわかりにくいのではないかと思います。誰だって、嫌なことから逃げたいんじゃない？　という思い、持ってますものね。

でも、よく考えてみて下さい。みんな嫌なことから逃げたいと思っていますが、それをやるか、やらないかが、「子ども」と「大人」の分かれ目なんです。

もう少し具体的な予兆をあげてみますね。

⊗「ごめんなさい」「申し訳ありません」と言えない

⊗「そんなこと、知らん顔していればいいんだよ」と言って問題を後回しにする

⊗「あまりそのことは考えたくない」といって逃げる

⊗「君に任せるから適当にやっといて」と責任を放棄する

⊗「気が乗らないから、やりたくない」とそのときの気分で行動する

⊗「やりたくない。知らないよ」と言って困らせる

どうでしょうか。心当たりがあるとすれば、やはり子ども男の予兆と心得ましょう。

◆特徴

まともに問題解決ができない、それが子ども男です。特に、家庭内や親との問題になると、さっさと逃げ出してしまいます。

気分が乗らなかったり、感情を害すると、とたんに機嫌がわるくなって、なげやりな言い方をしだします。

ひどいと、「君がなんとかしてくれよ」なんて無理なことを言って、困らせます。こんなことが起きて、初めて子ども男は本性をあらわします。

すぐに対応すれば解決できる問題も、その場しのぎの謝罪をしたり、後回しにしたり、人任せにするので、そばにいる人たちが物凄く振り回されます。

要は「大人の対応」ができないのが子ども男なのです。

◆アドバイス

エリートサラリーマンや家業の跡継ぎ息子にこんな子ども男が多いですよ。子ども男はお坊ちゃんタイプで、いわゆるお育ちは良さそうです。そのためか、親の庇護が厚く、ものごとを自分で解決した経験が少ないため、その場に立つとどうすればいいかわからない。

貴女はそんな夫を助けていけますか？　貴女に問題が起きたときに、夫の行動を待つ忍耐力や、夫に代わって謝罪に回れるくらいの心構えがあるのでしたら、結婚しても大丈夫！　忍耐力や心構え、貴女は大丈夫ですか？

意志薄弱男

約束守れずウソをつく

［ダメ男度二〇％］　☺☺☺☺☻

◆予兆

もし彼に……、

⊗「あれ～、この前と言ってることが違う」と度々感じる

⊗「〇〇するって決めた」と「やっぱり〇〇はしない」を繰り返し言われ、言ったことを忘れてるの？　と感じる

⊗大切な約束を守ってくれない

⊗口では約束するが、実行してくれない

こんなことを感じたことがあったら、彼は「**意志薄弱男**」かもしれません。

ほかに良いところがいっぱいある彼だとしたら、こうした予兆にはなかなか気づかないのも当然ですね。

でも、彼とお付き合いして、こんなことを一度でも感じたとすれば、もう一度彼の言動をよく見直してみましょう！

もう少し具体的な予兆をあげますよ。

⊗会社の昇進試験を受けると言いながら、なかなか条件をクリアできない

⊗禁煙を宣言するものの、一向に禁煙できない

⊗パチンコをやめると約束するが、陰でやっている

⊗借金はしないといいながら、また借金を作ってしまう

⊗ふたりのルールを作っても、破るのはいつも彼から

⊗結婚するために決めた目標貯金額になかなか届かない

⊗「今度、今度！」と言って両親や友達に会ってくれない

⊗自分で作った目標も達成したことがない

どうですか？　こんなことはなかったですか？

あったとしたら、それは意志薄弱男の予兆としっかりと心得ましょう。

◆特徴

意志薄弱男は結婚しても変わることはありません。

発言の大きさを自覚していないので、**簡単に約束ごとを口にしてしまいます。**

そして、その後で気が変わってしまうことが多いので、それが夫婦間の諍《いさか》いに発展します。そんなことが積み重なると、周囲から「信用できない男」というレッテルを貼られてしまいます。

ここぞという家族の大事な問題が起きても、意志薄弱男はバシッと言うことができず、問題を長期化させたり、周りに後味の悪さを残します。

気が弱くて、はっきりしないんですよね～。さらに、妻が夫の約束を守らせようとして口うるさく言うと、うそをつくようになります。これが意志薄弱男の特徴です。

◆アドバイス

絶対に結婚してはいけない男性ではありません。

ただ、信頼関係を築けない男性と結婚することになります。意志薄弱男と結婚すると、貴女は何を信じればいいのかわからなくなったり、夫の言動を疑うようになって、夫婦の関係がギクシャクしていきます。

さらに、彼がギャンブルやお金の問題を抱えていると、結婚後、深刻な問題が起きて、ケンカばかりの夫婦になる可能性大で、やがて離婚に向かっていきます。

彼の意志薄弱度が強いと感じているのなら、残念ですが結婚は諦めましょう。

ギャンブル男

負の連鎖にはまって道連れに

[ダメ男度一〇〇%] ☻☻☻☻☻

◆予兆

もし彼が……、

⊗趣味がパチンコ

⊗暇な時は競馬をする

だとしたら、**「ギャンブル男」**かもしれません。
そして、パチンコや競馬などに……、
⊗月に5万円以上使う
⊗時間があるとすぐにパチンコや馬券を買いに行く
なんていうのもギャンブル男のはっきりした予兆です。
こうした予兆はわかりやすいのですが、なかには見逃してしまう女性もいるんです。
それは、女性でもパチンコ好き、競馬場に行って馬を見るのが好き、なんていう「おやじギャル」（ちょっと古い？）だと、「趣味が一緒」なんて嬉しくなってしまうからです。だから、ギャンブル男の予兆に気がつかないんです。
仮に予兆はわかっていても、「一緒に楽しめるんだから少しくらい、いいのよ」と寛大に構えてしまうのです。また、
⊗ギャンブルによる借金がある
⊗食事やほかのことより、ギャンブルを優先する
⊗ほぼ毎日のようにギャンブルをする
⊗身内にギャンブルのためのお金をせびっている

めましょう。

⊗ 劣等感がある

なども ギャンブル男の予兆なのですが、こうしたことは彼をよく見ていないとわかりません。とにかく、彼がギャンブル好きということがわかったら、それがどの程度なのか、よーくチェックしましょう。そして、予兆を甘く見ないで、しっかりと受け止めましょう。

◆特徴

ギャンブルが度をこえると、「ギャンブル依存症という病気」になります。毎日欠かさずやっていたり、そのために借金をしていたら依存症です。ギャンブル依存症であれば、やがて身を滅ぼすか、周りが苦労の連続になります。

ギャンブル男は「ギャンブルさえしなければいい人なのに……」と言われます。ギャンブルを除けば、人間的には優しくて、働きもので、普通に見えるからです。

他人にギャンブルをすることを強要したりはしませんが、自分にはギャンブルをする必要がある、と「独自の理論」を展開して自己弁護します。

そして、ギャンブルとなると人が変わってしまい、家族をかえりみず、時間やお金の多くをギャンブルにつぎこみます。

自分でも多少の罪悪感があるので、借金していることを隠したり、うそをつくようになります。そして、借金を埋めるために、さらにギャンブルに走るようになります。

そんな「負の連鎖」から抜け出せなくなって、やがては家庭を破綻に導きます。

◆アドバイス

ギャンブルが単純に「趣味の範囲」なのかどうかを見極めることが大切です。

趣味程度で、自分の収入、またはおこづかいの範囲で楽しんでいるのであれば問題はありません。

もし、ギャンブル依存症であれば、結婚してはいけません。借金をしたり、親や家族からお金を引き出すようになってしまいます。

貴女のことを「金のなる木」か「現金引き出し機」と思うようになってしまいますよ！

結婚して、夫の借金やギャンブルのための金策に追われる生活に耐えられますか？

現在、趣味程度でギャンブルをやっているのであれば、ほかにふたりでやれる趣味を見つけて下さい。そうすることでギャンブルにはまらずに済みます。

ギャンブル男とは、きちんとギャンブルから抜け出したことが確認出来てから結婚しましょう。後でギャンブルをやめていなかったということが発覚し、苦しむことがないように。

簡単には相手の言い分を信じないようにして身を守りましょう。

非常識男

聞く耳もたずトラブル多発

［ダメ男度八〇％］☺☻☻☻☻

◆予兆

もし彼に……、

⊗考えられない行動をとったことがある

⊗自分のミスを他の問題にすりかえた

⊗自分のものと人の物の区別がつかない

⊗順番を無視して、横から割り込む

⊗客としてお店に文句を言うことが多い
⊗いちゃもんをつけて代金を支払わないことがあった
⊗自分のしたことの見返りを要求する

なんていうことが、ひとつでもあるとすれば、彼は**「非常識男」**かもしれませんよ。恋する女性からすると、強気の男らしい行動に見えてしまいます。ちょっと違うかなと思っても、彼に何の迷いや後悔もないので、非常識男の予兆に気づかないんですよ。

では、非常識男の予兆をさらにあげてみますね。

⊗督促状が来ないと支払いはしない
⊗きちんとあいさつやお礼を言えない
⊗真夜中に電話やメールをしてきたり、訪問する
⊗友人の家に何日も泊まっている
⊗他人のものを平気で借りる
⊗借りたものを返さない
⊗祝儀や葬儀で包んだお金が非常に少ない
⊗自分の意見に合わせてくれる人は「いい人」、合わせてくれない人は「悪い人」と、

他人を区別する

⊗違法な行為だとわかっていてもしてしまう

どうですか？　こんなことがあったとすれば、非常識男の予兆と見たほうがよいでしょう。頭にいれておきましょう。

◆特徴

非常識男には数人の友達はいても、誰にでも好かれる、というタイプではありません。「自分の常識」が「世間の常識」になってしまっているので、理解されないことが多いからです。

職場やプライベートでも、周りの人たちから疎《うと》ましく思われる存在になっています。仕事が終わってから行く居酒屋さんや、ちょっとした友人の間では、非常識男の行動は有名で、絡《から》まれることを恐れて適当にあしらわれていたり、上辺は合わせてくれていることが多いのです。そのため、**本人は自分の非常識さに気がつかないでいます。**

結婚すると、非常識男は妻にも理不尽なことを要求してきます。例えば「お前の親からお金かりて来て」「明日から当分、友達を泊めるから面倒みてやって」なんてことを平気で言ったりします。困りますよね。

さらに、普通では考えられないような非常識な行動をして、問題を起こすこともあります。たとえば、「自転車拾ってきたよ」と言われ、よくよく聞いてみると「鍵の掛かっていない自転車が駅前においてあった」と言ったりします。「それって泥棒でしょ」と言っても無視され、翌日妻が駅に置きに行く、なんてことになります。

どんなことでも、非常識男は**妻のアドバイスや忠告には耳を貸しません**、非常識男は頑固でもあるのです。

◆アドバイス

もし、非常識男の予兆を感じたら、程度の問題はあるにせよ、基本的に結婚しないほうが良いと思います！　はっきり言いますと、非常識は治らないことが多いので、一緒に暮らすと苦労がたえません。

非常識がエスカレートすると、**クレイマーやモンスターペアレントになってしまいます**。食事に入ったお店で文句を言うは、学校の対応が悪いといっては先生に電話するは、そんなことばかりでは貴女の身が持ちませんよ。貴女自身が不要な神経を使うことになり、一緒にいても不愉快なだけで楽しく生活はできません。

そして、さらに非常識が進化して、夫が「ごみ集め」や「騒音」で近所の名物おじさんにでもなったらどうしますか。イヤでしょう?

長年一緒にいて、夫の非常識に麻痺《まひ》してしまい、貴女も非常識女になってしまうかも……。そんな姿を想像してみて下さい。恐ろしいですね～!

詐欺男

熱意だけは一級品ほだされないよう

［ダメ男度六〇%］☺☺☻☻☻

◆予兆

もし彼が……、

⊗自分の自慢をする
⊗自分の身内の自慢をする
⊗将来の大きな夢を語る

⊗自分には才能があると言う
⊗自分は大きな成功をすると言う
⊗将来、お金持ちなると言う
⊗自分の運命は決まっていると言う

なんてことがあるとすれば、彼は「**詐欺男**」かもしれませんよ。

一見すると、「自分に自信があり、将来を夢見ている素敵な男性」に見えてしまうので、予兆を見逃してしまうことが多いのです。

さらに具体的な予兆をあげますね。

⊗自分は◯◯だ！　といっても自称だった
⊗兄弟は◯◯で有名だ！　というがそうでもなかった
⊗何が出来るのかとよくよく見ると口が巧いだけだった
⊗夢は大きいが実現するための努力が見られない
⊗根拠のない成功を信じている
⊗金持ちになるといっているが、今はお金がない
⊗占いなどで、良く言われたことを信じている

どうですか？　こんなことが1つでもあれば、詐欺男の確実な予兆と心得ましょう！
詐欺男は、話が本当だと信じこませ、貴女の心を掴むことに一生懸命ですので、会うたびに自分の自慢や将来の夢話を繰り返ししてきます。
貴女の心を掴んだと感じると、こんな要求をしてきます。
⊗事業をするので一緒に協力してほしい
⊗ステップアップするためのお金を貸してほしい
⊗誰か協力してくれる人を紹介してほしい
こんなことを言われたら、それは完全に詐欺男の予兆です。
要するに、金づるを探しているのです。
彼の大きな夢を実現した時の姿を想像してはいけません。現在の彼の実力をきちんと見極めることです。そうすれば、予兆を予兆と感じられるようになります。

◆特徴

結婚詐欺を想像して下さい。自分に有利なことばかりを伝えたいために、うそや作り話を並べます。詐欺男は、自分の夢や欲望を達成するために貴女の力がほしいのです。

貴女の愛情を、お金や、どれだけ尽くしてくれるのかで判断し、貴女を利用しようとします。そして、本当に貴女が必要だと感じたら、「今すぐ結婚しよう」「信じてくれるなら結婚して」と半ば強引に求婚します。

また、詐欺男には繊細な部分もあって、コンプレックスも持っています。うそや作り話を堂々と言いますが、性格的に弱い部分もあり、強い人には弱く出て、世の中を上手く渡っていく術に長けています。

饒舌《じょうぜつ》で話し好きなので、女性を飽きさせることはありません。自分の話に酔うことさえあります。うそも繰り返し言われていると、本当のことのように思えてきてしまうのです。そして「この人を信じてみよう」と思ってしまいます。

これでは詐欺男の思うツボです。注意して下さいね。

詐欺男の女性の心をくすぐる甘い言葉と、夢を繰り返し言われることで、脇の甘い女性は完全にノックアウトされ、騙されてしまいます。詐欺男は女心を理解していますので物凄く手強いですよ。

◆アドバイス

熱心に話をしてくるので、その熱意にほだされてしまうことがよくあります。自分を求めてくれるのなら、という思いから、彼の要求を受け入れてしまうこともしばしばです。

しかし、結婚は別です。結婚しても夢が現実になることはありません。

むしろ、さらに饒舌になったり、うそをつくことが慢性化します。周りからの信用は薄れ、ひどいと収入もままならず、やがて法に触れることをしかねません。

夢ばかり追って、現実の生活には付いていけないとわかる頃には、貴女がボロボロになってしまいますよ。

常にビックマウスで人を惹きつけようとしますが、いずれは聞いていてもばかばかしくなってきます。そして、詐欺男自身も自分の思いが叶わないとわかると、なげやりになって、夫婦間はどんどん険悪になっていきます。

夫の成功という人参をぶら下げられて走るのは貴女ですよ。人参を追って、どれだけ走る自信がありますか?

たとえ生活が安定しなくても、夫の夢を信じ、後押しすることができるか、もう一度自分の気持ちを確認しましょう。

タバコ男

自制心があるか見極めて

［ダメ男度四〇％］☺☺☺☻☻

◆予兆

もし彼が……、

⊗タバコが好き、よくタバコを吸う

⊗タバコをやめたばかり（実績がない）

⊗禁煙中（結果が出せていない）

だとしたら、それは**「タバコ男」**の予兆です。

でも、自分でも吸っている方や、タバコの臭いが気にならない、害には無関心、なんていう女性はこの予兆を見逃してしまうんです。

タバコを吸うことは悪いことではありませんものね。タバコくらい誰でも吸ってるじゃない、子どもじゃないんだし、いいじゃないの？　と思っている女性は多いですね。また、そんな女性は「その気になれば、いつでもやめられるんじゃない」とも考えています。
でも、後々「タバコ」で揉めるんですよ。
例えば、こんなときです。
⊗飲食店では喫煙席でないとダメ
⊗常に喫煙場所を探す
⊗車、飛行機、新幹線などで禁煙が我慢できない
⊗よそのお宅にお邪魔したり、赤ちゃんがいても気にせず吸う
⊗1日に2箱以上タバコを吸うようになる
⊗1時間以上タバコを吸わないとイライラする
⊗おこづかいのほとんどがタバコ代に消える
⊗彼のそばによるとタバコ臭い
⊗衣服や持ち物すべてタバコ臭い
どうでしょうか。こんなことがありませんか？　放っておくと、いずれ揉めるかもしれませんよ。普段から、彼の吸い方や本数、自制心をじっくり見てみましょう！

◆特徴

時や場所に応じてタバコを我慢できない喫煙者、それがタバコ男です。

長年の喫煙者は「禁煙宣言」してもなかなかやめられません。「禁煙宣言」を一度もしたことがないタバコ男さえ多くいます。

タバコは絶対にダメといっているわけではありません。要は我慢ができるか、時や場所に応じて周りの人に配慮ができるかが問題なのです。

タバコ男は、

⊗「タバコは心の日曜日！　自由に吸わせてほしい」

⊗「自分の金で買って吸ってるタバコ、何が悪いんだ」

⊗「喫煙者は肩身がせまいよ。そんなに吸わせたくないなら売らなければいいんだ」

と考えているので、いろいろな場面で堂々と吸います。

しかし、それまでは大丈夫でも、女性は妊娠時や子育てをする時期になると、母性本能で子どもを守ろうとするためか、タバコを拒絶するようになり、「子どものこと考えるならタバコをやめて！」と言いだします。

タバコ男はそんな妻の要求に応えられず、揉め始めます。子育ての方針の違いを感じ、夫婦問題にまで発展することもあります。タバコ男とは、そんな存在なのです。

◆アドバイス

禁煙は想像以上に難しいです。なかなかタバコをやめられず、簡単には禁煙はできませんよ。

もし貴女がタバコの臭いが嫌いなら、結婚はお勧めしません。そのことで揉めるからです。

家の中で喫煙していれば、家の中がヤニで真っ黄色になりますし、壁紙はすすけ、クローゼットのなかの衣類や部屋の中に干した洗濯物もタバコ臭くなります。臭いだけでなく、副流煙も我慢できないですよね。

もし貴女がタバコ嫌いなら、タバコ臭い生活に幸福感は感じませんよね？

たかがタバコ、されどタバコ。よく考えましょうね！

酒乱男

飲まなければ良い人でも周りが迷惑

［ダメ男度一〇〇％］☻☻☻☻☻

◆予兆

もし彼が……、

⊗大のお酒好き
⊗飲み始めると朝まで飲む
⊗自分では酒が強いと思っている
⊗毎日欠かさずお酒を飲む
⊗二日酔いをする
⊗酔ったときのことは覚えていない

なんていうことがあるとすれば、**「酒乱男」**かもしれませんよ。

「お酒の席が好きなだけ」「人付き合いが好きで、ちょっと飲み過ぎることだってあるんじゃない」なんて思っていたら、予兆を見逃してしまうんですよね。

さらに具体的な予兆をあげますね。お酒を飲むと……、

⊗気が大きくなり態度が変わる
⊗声が大きくなる
⊗普段言わない本音を言いだす
⊗乱暴になる
⊗急に不機嫌になる
⊗愚痴を言いだす
⊗他人の悪口を言う
⊗酒を少量でやめることができない
⊗暴言を吐く
⊗お酒でトラブルを起こすことがある
⊗裸になることがある

どうですか。こんなことありませんか？　もし不安を感じるようだったら、彼と一緒にお酒を飲んでみましょう。酒乱男は予兆をたくさん発していますよ。絶対に気づいて下さいね。

普段はおとなしくてとっても良い人、これも酒乱男の一面です。予兆のひとつと心得ましょう。

◆特徴

酒乱男はお酒を飲むと人が変わってしまいます。お酒の量をコントロールできず、必ず酩酊するまで飲んでしまいます。

一緒に飲んでいる人たちに不快感を与え、楽しいはずのお酒が一変してしまいます。

酒乱男は、**お酒を飲まないときにはおとなしくて優しい**のですが、お酒が入ると、突然暴言を吐いたり、物を投げたりして攻撃的になります。

態度をたしなめたり、それ以上飲まないように言ったりすると、暴言、暴力がますますひどくなっていきます。

夫婦や男女間で酒のことでケンカになり、女性のほうから「別れたい」と言うと、DV男同様に泣いて謝罪をします。

そして、「もう二度としない」と約束するものの、同じことを繰り返します。

お酒さえ飲まなければ「良い人」と周りに思われているのも特徴です。

◆アドバイス

酒乱男と結婚してはいけません。貴女がどんなに尽くしても、頑張っても、本人が断酒できなければ変わることはありません。

酒乱男と結婚すると、夫がお酒を飲み始めたとたんに、怒ったり乱暴にならないかとビクビクするようになってしまいます。

DV同様に、私が悪いのでは、と自分を責めてしまうようにもなります。酔った夫に暴力や暴言を受け続けると、お酒や酔った男性を見ただけで、胸が苦しくなったりドキドキするといった**「トラウマ」**を抱えてしまう方もいますよ。

結婚して夫と「楽しいお酒」を飲めないのも残念ですが、酔った夫にビクビクしながら生活するなんて普通ではありません。

お酒を飲むことをコントロールできるかどうか、よーく見極めましょう！　不幸な結婚をしないために……。

メタボ男

あなたの愛情で改善させて

［ダメ男度二〇％］☺☺☺☺☻

◆予兆

もし彼が……、

⊗太っている

⊗お腹だけぽっこりしている

だとしたら、間違いなくメタボ予備軍で、**「メタボ男」**かもしれません。これは、見ればわかるので間違うはずがないと思います。

「肥満なんてダイエットで解決できる」「多少太っていても健康なんだからいいじゃない」なんて思っていると、こんなにはっきりした予兆でも見過ごしてしまうんです。

さらに、具体的な予兆をあげてみますね。

⊗一食の量は2人前くらい

⊗脂っこいもの、甘いもの大好き

⊗夜中でも、食べたいものを食べる
⊗体を動かすのが嫌いで、ゴロゴロしている
⊗野菜を食べない
⊗実は健康診断で引っ掛かっている

なんてことが2つ以上あれば、やはり将来メタボ男になる可能性大と見ましょう。

◆特徴

メタボ男は、健康管理や食の大切さがわかっていないのです。太りすぎや、若いのにお腹回りだけ中年並みなんて、見た目からしてちょっと減点ですよね。

さらに困ったことに、ダイエットの意識が薄いだけではなく、健康や食事の管理も全くしません。これは問題です。

朝から炭酸水やお菓子を多く取ったり、日に何度も食事を取ったりなど、健康を考えたら、してはいけないことだらけです。その結果、若くして成人病の宝庫になったりするのです。でもなぜか**「自分は大丈夫」と、ほとんどのメタボ男は思っています。**

これから30年40年と働いてもらいたいのに、夫が病気だらけだったり、病気の予備軍

だったらどうしますか？　病気、これがメタボ男の最大の弱点です。

◆アドバイス

健やかな時も病める時も、変わらぬ愛を誓えますか？「イエス」と答えられたなら、結婚しても大丈夫です！

性格が良くて理解力のある彼だったら、貴女の努力と工夫でメタボ男を改善できるでしょう。頑張って下さい。応援します。

実家大好き男

理不尽な思いに忍耐要す

［ダメ男度六〇％］☺☺☻☻☻

◆予兆

もし彼が……、

⊗家族が大好き

⊗両親を尊敬している
⊗実家の行事には必ず参加する
⊗家族の自慢話をよくする
なんていうことがあるとすれば、彼は**「実家大好き男」**かもしれません。
こんなはっきりとわかる予兆でも、「愛情深い家族に育てられたのね」「私も仲良し家族に憧れていたのよね」なんて思うと、予兆を見逃してしまうんですよ。
実家大好き男は、単に実家が好きなだけではなくて、親離れできていない人がほとんどなので、次のような予兆も見逃してはいけません。
⊗何でも親に相談する
⊗親に経済的援助を受けている
⊗困ったことがあると親を頼る
⊗親のアドバイス通りに動く
どうですか。こんなことはありませんか？　確かにそういえば、と感じられたら、彼は実家大好き男かもしれません。
実家大好き男は、逆に**親が子離れできていないケースも多く**あります。両親が……、

⊗彼にお願い事や相談事を多くする
⊗彼の私生活に干渉する
⊗息子を離したがらない
⊗何かというと息子を呼びつける

実家大好き男は、自分も両親から離れられないのですが、親もそれを望んでいます。だから、このように子どもの時と同じように息子に接してきます。しかもやっかいなことに、そのことに本人もご両親も気がついていません。

もし彼に不安を感じるようであれば、こう聞いてみてください。

「家族仲が良さそうだけど、イヤじゃないの?」

もし彼が「ウチはこういうやり方だから」「普通なんじゃない」なんて答えたら、完全に実家大好き男の予兆と心得ましょう!

◆特徴

実家大好き男は、結婚すると、自分の家族の中に貴女を入れたがります。その際には、自分と同じ気持ちで家族に接し、親への絶対服従を条件にします。

毎週必ず実家に帰ることを義務づけたり、両親への度を越えた行動を強要してくるのが実家大好き男の特徴です。

家庭を持ち、家長になっても、何かというと実家に帰ったり、貴女よりも先に実家に昇進や転勤などの報告をしてしまうこともあります。

また親の方も、夫婦関係や生活に口を出して、出産時期を決めたり、家を買い与えたりと、実権を握ろうとします。

そんなことをやめるように夫に訴えても、大好きな親がやってくれているのだからと、聞き入れてくれることはありません。

◆アドバイス

実家大好き男との結婚はオススメできません。

実家大好き男を甘くみてはいけません。安易に結婚すると、貴女がかなり辛く理不尽な思いをすることになります。

貴女が彼と同じようにご両親を受け入れ、指示に従うことができれば、上手くやっていける可能性があります。

しかし、これが難しいのです。相当の努力と忍耐が必要です。

新婚当初は、妻が夫の家族にやきもちを焼き、つまらないことでケンカが多くなるでしょう。度重なるケンカで、お互い険悪な感情を持つようになってしまいます。

彼は「両親を大事にして何が悪いのか?」と言いだし、最後は「君より両親のほうが大事だ」となって、別れてしまうカップルが多いのも現実です。

貴女は、彼と同じように彼の家族を受け入れられますか? よく考えてみましょう。

見栄男

安請け合いして家計は火の車に

[ダメ男度四〇%] ☺☺☺☻☻

◆予兆

見栄《みえ》には、「精神的な見栄」と「金銭的な見栄」があります。

片方だけの男性もいますが、大体が2つとも持ち合わせています。

まずは精神面の**「見栄男」**の予兆です。

もし彼が……、

⊗弱音を吐かない

⊗オーバーに言う

⊗自分に都合よく説明する

⊗見た目を気にする

⊗自分は他人と違うと思われたい

⊗元気がなくても元気な振りをする

⊗ちょっとしたウソを言う

⊗無理なことでも出来ると言う

続けて、金銭面の見栄男の予兆をあげてみましょう。

⊗貯金がない

⊗複数のローンをかかえている

⊗食事にはお金をかけない

⊗流行に敏感

⊗お金がないのに、高価なプレゼントをする

⊗友人・家族にお金を貸す
⊗お金がないのに、ある振りをする
⊗高価なものを身につけている
⊗気前がいい

どうでしょうか。彼にこんなことを感じたことがありませんか？　もしあるとすれば、彼は見栄男かもしれませんよ。

ところが、「強気な男性は素敵！」「多少の見栄って大事なこと」と思ってしまうと、第三者には「なんかおかしい」と感じられることでも見逃してしまうことが多いのです。

彼にこんなことを感じているとすれば、間違いなく見栄男の予兆と心得ましょう。

◆特徴

見栄男は、自分を良く見せたい、優越感を持ちたいという思いが人より強いのです。余裕がないのに高額なものを身につけたり、実力も実績もないのにあるように見せようとします。そのためにウソをついたりもします。そんな見栄男と結婚すると、貴女が振り回されてしまいます。

他人からよく見られたいと思っている精神的な見栄をはる見栄男は、人付き合いの上でも断ることができず、無理や我慢をしながら付き合うことで、多くのストレスをためてしまいます。そのストレスが自分の中だけでおさまっていればよいのですが、妻にぶつけるという話をよく聞きます。

仕事上で出来るといって安請け合いしてしまい、結果、信用を失うこともあります。

外見にこだわり金銭面で見栄を張る見栄男は、収入に見合っていないスーツを着たり、高級車に乗りたがるため、家計は火の車です。

夫の見栄のために生活は困窮し、ローンが増え、そのために妻が働かざるを得なくなります。

◇アドバイス

見栄男と結婚すると、お金の苦労や夫のストレスに苦しむ可能性があります。

貴女が見栄男の借金に理解を示し、見栄男の言動を許せるとすれば、上手くやっていけるかもしれません。

しかし、女性は夫に嫌悪感を抱くようになると、家事にも身が入らないし、セックスだって拒否するようになってしまいます。そうなると夫婦間に溝が生まれていくんですよ。

見栄のために無駄なお金やエネルギーを使うのってイヤじゃないですか?

貴女の愛する彼が見栄男だとすれば、その見栄っ張りを治してから結婚したほうがいいですね!

ナルシスト男

家庭に興味なし疲れます

[ダメ男度四〇%] ☺☺☺☻☻

◆予兆

もし彼が……、

⊗自分が大好き

⊗自分に自信がある

⊗自分を大切にしている
⊗仕種《しぐさ》はカッコつける
⊗洋服や髪型を常に気にしている
⊗自分の自慢をする

こんな兆候があれば、彼はもしかして**「ナルシスト男」**かもしれません。

客観的にみると、こんな男性って最悪！　と思いますよね。

でも、彼に夢中な貴女は「彼はそれなりにカッコいいから仕方がないわ」「一緒にいると目立つし、私も優越感に浸れるから」なんて思ってしまい、予兆を見逃してしまうんです。

とはいえ、いくらカッコ良くても、少し度が過ぎていると思いませんか。

さらにナルシスト男の予兆をあげてみます。

⊗マイミラーを持っている
⊗リップクリームや油取り紙などを持っている
⊗電車の窓、ショーウィンドーの前では、必ずそこに映った自分の姿を見てチェックする

⊗会うと必ず自分の自慢話をする
⊗常にカッコ良く見せたいと、ポーズをとる

こんなことがあるとすれば、ナルシスト男の予兆と心得ましょう。

もし彼に不安を感じたら、こう質問してみてください。

「この世で一番好きな人は誰？」

彼が「自分」と答えたら…、もうおわかりですね。彼は完全にナルシスト男です。

◆特徴

ナルシスト男は自分が大好きで、自分はカッコいいと思い込んでいます。

鏡の前でいろんな顔を作ったり、ポージングを繰り返したりして、自分の姿にうっとりします。お肌のお手入れや髪型をきめるのにも余念がありません。

でも、中身はというと、結構薄っぺらだったりします。

有名人じゃないのに、他人に見られているという意識が強くて、常に周りをきょろきょろしたり、自分に女性が見とれているのでは、と勝手に妄想するため、一緒にいると疲れてしまいます。

こんなナルシスト男と結婚すると「ぼくと結婚できた君は世界一幸せ者」なんて言って、家事に協力してくれなかったり、家庭的なことには関心を示してくれません。結婚しても、「自分大好き」な言動は変わることがありません。

◆アドバイス

ナルシスト男は、他人を不快にすることはありますが、直接的に傷つけることはありません。

問題は、彼の思い込みやカッコつけに貴女が耐えられるかどうか、なんです。貴女が彼のカッコつけてる姿を見ても腹が立たなければ、結婚しても大丈夫かもしれません。

ただ、ナルシスト男は借金を作らなくても、**愛人をつくる可能性があります。**というのは、自分を認めおだてて愛してくれる女性が大好きだからです。そのくせ、愛人よりも貴女に献身的で一方的な愛情を求めたりするケースもあります。

彼に一方的な愛情を求められるなんて、悔しくないですか？

ナルシスト男に一途な愛情をたっぷり注げますか？　自分の心に聞いてみましょう。

ゲーム男

子どもが出来たら失望するかも

［ダメ男度二〇％］☺☺☺☺☻

◆予兆

もし彼が……、

⊗ゲーム大好き

であれば、これだけで**「ゲーム男」**かもしれません。

でも、「ゲームでストレス発散しているんだから、いいんじゃない」「私もゲーム好きなので一緒にやれたら楽しいわ」なんて思うと、予兆が予兆と感じられなくなってしまうんです。

ゲームは悪いことではありませんし、一緒に出来れば楽しいですものね。でも結婚すると、そのゲームがケンカのもとになってしまうんです。ですので、予兆を心得へて彼を見てみましょう。

もう少し具体的に予兆をあげますね。

⊗ゲームは名人並みの腕前
⊗徹夜でやっている
⊗時間があるとすぐやる
⊗ゲームをしていると人が変わる
⊗ゲーム以外趣味はない

いかがでしょうか？　もし1つでも心当たりがあるとすれば、ゲーム男の予兆ですよ。そう心得てお付き合いしましょう。

◆特徴

ゲーム男は、**ゲームが三度の食事より好きです。**

ちょっとした時間があればすぐにゲームをし、翌日が休日だと、明け方まで没頭します。起床時間になっても目を覚まさないので、そのことで揉めるようになります。

なぜって、妻は休みには夫と一緒にお買い物やレジャーに行きたいじゃないですか。そんな妻の要望とゲーム大好きな夫との間には、ズレが生じてしまいます。夫は家のことは全て妻に任せ、思いっきりゲームをしたいと考え、遊びに行くより家でゲーム、ひたすらゲームといった生活を望んでいるんです。

◆アドバイス

ゲーム男は特別にたちが悪いということはありません。

しかし、子どもが出来ると、夫のゲーム三昧の生活に「またゲーム?」と嫌気がさすようになります。それが続くと、夫にあまり良い感情が持てなくなっていきます。

どうですか? 自宅にいて、家庭をかえりみずにゲームに没頭している夫の姿、想像してみて下さい。

浮気をされたり、毎晩飲み屋さんに通われるくらいなら我慢できそう、と思えるなら大丈夫です!

ものは考えようです。上手くいく秘訣は貴女の柔軟で寛大な心次第です。

おしゃべり男

口ゲンカは絶対勝てません

［ダメ男度二〇％］☺☺☺☺☻

◆予兆

もし彼が……、

⊗おしゃべり好き（とにかくよくしゃべる）
⊗一緒にいても黙っている時間がない
⊗何の脈絡もない話が次から次と出る
⊗他人のことを自分のことのように話す
⊗テレビと会話をする
⊗誰とでも話す
⊗初めて会った人とでも話が止まらない

もし、こんなことが当てはまるとしたら、彼は**「おしゃべり男」**かもしれません。

とてもわかりやすい予兆ですが、「楽しいから気にならない」「黙っていられるよりは良いから」なんて思っていると、予兆を見過ごします。

ためしに、彼に「もしかしたらお笑い芸人になりたかった?」と聞いて見て下さい。「実はそうなんだ」とか「向いてると思うでしょ」などと答えたら、間違いなくおしゃべり男の予兆と心得ましょう。

◆特徴

とにかくよくしゃべる。**どこでも、誰とでも、大きな声でいつまでもしゃべる**、これがおしゃべり男の特徴です。

その場の雰囲気にあわせて楽しくおしゃべりできてればよいのですが…。結婚式や法事、出産時や映画館など、静かにしてほしいときでも平気でしゃべっていられたら迷惑ですよね。

そんな場をわきまえられないおしゃべり男には要注意。

夫婦ゲンカになると、おしゃべり夫に太刀打ちできない、という妻の不満の声をよく聞きます。妻が反論しようとしても、それができないほどにしゃべり続けるからです。

これではストレスがたまりますよね。

人を笑わせたり、場を和ませてるぶんには問題ありませんけどね。

◆アドバイス

場をわきまえられるおしゃべり男なら問題はありません。

結婚してしばらくは、おしゃべり男の明るく楽しいおしゃべりに付いていけると思います。

しかし、そのうちにおしゃべりがうっとうしくなって、「少し黙ってて!」なんて言うことがないように、夫を受容する寛大な気持ちが必要になります。

夫婦ゲンカの際に、貴女がしゃべりたいことがしゃべれなかったり、口で負けてしまうことがあっても、落ち込んだりしないように。彼のおしゃべりを認めましょう。

コンプレックス男

扱いにくく面倒気苦労

［ダメ男度四〇％］☺☺☺☻☻

◆**予兆**

もし彼が……、

⊗自分嫌い

⊗自分に自信がない

⊗自分に強い劣等感を持っている

なんて1回でも言ったとしたら、彼は**「コンプレックス男」**かもしれません。

ところが、「私だってあまり自分に自信がないから、彼の気持ちはわかる」「自信満々の人より謙虚な感じでいい」なんて思ってしまうと、予兆に気がつきません。

コンプレックスのかたまりのような彼と結婚すると、貴女が苦労します。なので、よく彼を見て、コンプレックス男かどうか鑑定してみましょう。

特に、強度のコンプレックスが問題なんですよ。

その具体的な予兆をあげてみましょう。
⊗大学や大学院を卒業していないことに引け目を感じている
⊗親の職業をバカにしている
⊗親が裕福でないと不満をもっている
⊗背が低いとか髪の毛が少ないとか、とっても気にしているのがわかる
⊗「どうせ自分はダメ」「自分のことはわかってもらえない」とよく言う
⊗「あいつは良いよな」と他人を物凄く羨《うらや》む
どうでしょうか? こんな心当たりがあるとすれば、やはり予兆と心得て下さい。

◆特徴

コンプレックス男は、

「どうせオレは○○ではないし、実力をなかなか認めてもらえないんだよ」

「オレはさ、○○だから……、生きてても損なんだよ」

なんてオーバーとも取れることをよく口にしたり、**いじけた態度でそれを表します。**

なんか、男らしくないですよね!

コンプレックス男は、そんな自分を辛いと感じ、どうにもならないジレンマを抱えています。そのコンプレックスを、自分の中で解消してくれれば問題はないのですが。結婚すると、妻の貴女にいつもうじうじと愚痴や辛い思いをぶつけてきます。貴女は、子どもを相手にするように、励ましたりなだめたりと、叱咤激励の日々を過ごすことになります。自分以外のことでもマイナス思考に陥り、投げやりな考えをするのもコンプレックス男の特徴です。

◆アドバイス

多少のコンプレックスは仕方がないと思いますが、コンプレックスが強いと、周囲は扱いにくくてたまりません。毎日一緒に生活している妻なら、なおさらです。同調して良いのか、否定して励ますべきか、そんなことばかり考えて生活していると、やがてバカバカしくなってきます。そして「またか」と思い、夫を遠ざけたくなります。

貴女が、彼のコンプレックスに優る長所を感じるのであれば問題ありません。自分の心に聞いてみましょう。

自信満々男

生かすも殺すもあなた次第

［ダメ男度二〇％］☺☺☺☺☻

◆予兆

もし彼が……、

⊗大きいことを言う
⊗出来そうもないことを出来ると言う
⊗自分はみんなに注目されていると思っている
⊗みんなにうらやましがられていると思っている
⊗どんなことでも安請け合いをする

こんなこと感じませんか？　もし感じているとすれば、彼は**「自信満々（勘違い）男」**かもしれませんよ。

でも、彼のことが大好きな貴女は「頼もしい」「カッコいい」「親分肌で男らしい」なんて思ってしまい、この予兆に気がつかないんですよ！

自信満々（勘違い）男と結婚すると、貴女が振り回されてしまいます。もしかして自信満々（勘違い）男なの？　と感じていても、それに自信がもてないようであれば、彼の同僚や友人と会うチャンスを作ってもらい、聞いてみましょう。ある方は、彼の同僚の女性に彼の評価を聞いてみました。すると、こう言われたそうです。「あんな人と結婚すると大変ですよ。わがままで自分に自信があるから、上司より出すぎているし。みんな、苦笑してます」

貴女ならどうしますか？　結局、この女性は彼と結婚しました。まあ、覚悟の上での結婚ですので、順調にいっているようですが。

予兆に気づいたら覚悟をする、それもひとつの心得ですよ。

◆特徴

自信満々（感違い）男は、恵まれたお坊ちゃまタイプが多いです。小さい頃からわがまま一杯に育てられ、何不自由なく育ったのです。そして「怖いものがない」タイプでもあります。

「地球は自分のために回っている」くらい自己中心的でもあります。よく言えば、先のことには悩まずに、思いっきりのびのびと生活します。

そんな彼の育ちや感性を共有できれば楽しく生活できるでしょう。

しかし、自分が招いた失敗や揉め事に気づかないことが多く、**周りに対する配慮や思いやりに欠ける**のが自信満々（勘違い）男の特徴です。

また、根拠や実績もないのに自信満々な態度をとり、それが鼻につくんですね。そのために、周りから浮いてしまったり、チームワークやルールを乱してしまうこともあります。基本的に人間としては問題ないタイプですけどね。

◆アドバイス

結婚したら、自信満々（勘違い）男を生かすも殺すも貴女次第です。

自信満々（勘違い）男は、自分がみんなから愛されるのは当然！　自分を嫌がっている人はいない、くらいに思っています。そこが厄介なところです。だから、妻に「愛して尽くしてほしい」と堂々と求めてきます。そんな要求に十分応えられれば、問題なし！

ただし、貴女や周りに対しては、思いやりや配慮に欠けるかもしれませんけどね。

キャバクラ男

下心みえみえ浮気に発展

［ダメ男度六〇％］☺☺☻☻☻

◆予兆

もし彼に……、

⊗キャバクラに行っている

という事実があるのでしたら、彼は「**キャバクラ男**」かもしれません。

キャバクラが悪いと言っているわけではありません。

もし、結婚してもキャバクラから抜け出せないキャバクラ男だとしたら、貴女が苦労します。それが心配なのです。

夫がキャバクラにはまり、浮気や借金、なんて嫌でしょ？

ほかにキャバクラ男の予兆をあげてみましょうね。

⊗彼の友達がキャバクラ通いをしている

⊗キャバクラの話を自慢する

⊗キャバクラの女性と付き合ったことがあるどうでしょうか？　1つでもあるとすればキャバクラ男の予兆と心得ましょう。そして、貴女の魅力で「脱キャバクラ」させてしまいましょう。

◆特徴

キャバクラ男は、キャバクラで癒されるのが大好きです。無理しても、借金しても行きたくなってしまいます。男性としての下心一杯なので、チャンスさえあればキャバクラ嬢と浮気をしてしまいます。

キャバクラ嬢は、お客を誘うために簡単にメールアドレスを交換し、優しい思わせぶりなメールを送ってきたりします。それが元で夫婦ゲンカが勃発するのです。

一時的にはまってしまうという程度なら問題ありませんが、なかには2年間毎日行き続け、多額の借金を抱えて自己破産してしまった方もいます。

◆アドバイス

彼が何度もキャバクラに行っている（行っていそう）なら、どんな目的で行っているのか見てみましょう。

浮気相手を物色したり、キャバクラを家代わりに使っているようなら、結婚はおススメしません。

どうしても結婚したいなら、「脱キャバクラ」を目指して、彼を癒したり喜ばせたりする努力をしましょう。貴女のことを愛しているなら、きっと「脱キャバクラ」してくれます。

ケチ男

余裕の持てない窮屈な生活にトホホ

［ダメ男度六〇％］☺☺☻☻☻

◆予兆

もし彼が……、

⊗デートで極力お金を使わない、割り勘にしたがる
⊗お金が掛かることは好まない

⊗生活費を節約しているのがわかる
⊗他人の支払いの立て替えは絶対にしない
⊗何年も同じものを使っている

どうですか？　こんなことがあるとすれば、彼は**「ケチ男」**かもしれません。

ところが、几帳面な貴女は、「お金のことはキッチリしていたほうがいい」と思うでしょうし、結婚を夢見ているのであれば「節約して貯金がたくさんあったほうが嬉しい」なんて思ってしまいますね。

すると、右のことが予兆とは感じられないんです。

でも、ケチも度を越えると、貴女が苦しむことになります。

そこで、彼のケチさ加減が度を越えているかをチェックしてみましょう。

彼がこんなことをしていたら、要注意です。

⊗着るものはもらい物
⊗見切り品を狙って買う
⊗レジに置いてある1円を使う
⊗絶対におごらない

⊗プレゼントはお金が掛かっていないもの
⊗値段を気にして注文する
⊗割引券やクーポンをマメに使う
もし、こんなことがあるなら、ケチ男の可能性大だと思いましょう。

◆特徴

ケチ男は、結婚して自分の収入が生活に使われるようになると、妻の家計の使い方に目を光らせます。

貴女が勝手に買い物をしないように、相談や報告を要求します。

自分で納得できなければ、お鍋ひとつ買うのにもＯＫを出しません。そんなことから揉めてしまうんですよ。

さらに、日用品の使い方や、食材を無駄にしていないかまでチェックされたりします。

チラシを見て安いものを買えとか、あそこのスーパーの売り出しに行ってこいなどと細かく指示したりもしてきます。

男性がここまでするとと、どうです？　イヤーな感じしますよね。

でも、ケチ男にとってはお金や物を大事にして、「出来るだけ安く買う、少しずつ使う」これが常識なんです。さらに月末には細かい収支報告まで、トホホって感じになる妻は多いですよ。

◆アドバイス

ケチ男と結婚すると、お金を自由に使えませんが、生活が困窮するようなことはないでしょう。

しかし、**お金の使い方を細かくチェックされる**ので、余裕の持てない窮屈な生活を強いられます。

結婚記念日などの特別な日でも、ファストフードやファミレスなんかで済まされてしまいます。

お友達と気楽にランチや優雅にお稽古事でも、なんていう生活もないですね。

いざというときにバーンと気持ちよくお金を出してくれれば最高の夫なんですが。

不潔男

無頓着さが許せなくなりイライラ

［ダメ男度四〇％］☺☺☺☻☻

◆予兆

もし彼が……、

⊗お風呂が嫌い

⊗歯磨きや洗面には無関心

⊗あまり手を洗わない

⊗衣服が汚れている

⊗見た目、清潔感がない

もし、こんなことがあるとすれば、彼は**「不潔男」**かもしれません。

こんな汚い人いないって思うかもしれませんが、一見清潔そうに見えても、お風呂が嫌いだったり、衣服にシミがついていたりする人、意外といるんです。

一見清潔そうだと、こんな予兆に気がつかないこともあるんです。あるいは、気がついても、大したことはないって思ってしまうようです。

「彼の性格は悪くはないので一緒にいると楽しいし」「長く付き合っていたので、だんだん慣れてしまったのかも」なんてなってしまうようです。

不潔男のさらなる予兆は……、

⊗かばんの中がごちゃごちゃ

⊗肩にふけがついている

⊗髪がべとべと

⊗爪が汚い

⊗顔にいつも何かついている

⊗部屋が片付けられない

⊗靴下や足が臭い

⊗口の回りは手で拭く

どうですか、当てはまりましたか？　不潔男のこんな予兆は見ればわかりますよね。

貴女の目を信じましょう。

◆特徴

不潔男は、**子どものように無頓着です**。見た目ですぐに不潔と感じる人もいます。そんな彼を友人に会わせたりすると、貴女の印象が悪くなって、交際にも支障をきたしますよ。

不潔男は男性の友人からも敬遠されてしまい、周りと打ち解けることもできない、なんてことになります。

彼には悪気もないし、自分では普通だと思っているので、人に不快感を与えているとは感じていません。

親が過保護のためか、生活習慣が悪いので、人に言われて直そうと思ってもなかなか直せないのが不潔男です。

結婚したら貴女のサポートでなんとか清潔にするしかありません。

◆アドバイス

キレイ好きな女性にとっては、不潔男は大変きついです。実際に「夫の不潔なところがイライラするので、離婚したい！」という悩みを聞きます。

小さいことかも知れませんが、毎日生活を共にする妻にとっては、許しがたい夫になるようです。

不潔男も一人前の社会人です。そんなことでは社会で通用しませんね。手がかかるのは間違いありません。覚悟の上で結婚を決めましょう。そして、彼の性格を知った上で、自覚を持ってもらうことから努力してみましょう。

友情男

友達を優先して痴話ゲンカ必至

［ダメ男度四〇％］☺☺☺☻☻

◆予兆

もし彼が……、

⊗大切にしている男友達がいる
⊗定期的に友達同士の飲み会に参加している
⊗友達の家族とも仲良し

⊗長年の友がいる

なんてことがあるとしたら、彼はもしかして**「友情男」**かもしれません。

ところが、「男同士の友情を大切にして尊敬できるわ」「女同士にはない男の友情って

うらやましい」なんて思ってしまうと、この予兆に気づかないのです。

でも、友情も度を越えると、彼の友達が貴女のライバルになってしまう可能性が。

友情男は貴女より友情を優先し、貴女がそれに不満を爆発させる、なんていうことに

なりかねません。実際によくあることですよ。

さらに、こんな予兆も……、

⊗デートより友達を優先したり

⊗友達にお金や名義を貸したり

⊗いつでも呼び出しに応じる

こんなことがあるとすれば、友情男の可能性大でしょう。

◆特徴

友情男は、友達と特殊な絆で結ばれているので、女性には簡単にはその関係が理解で

きません。

友情男は、自分の時間を友達のために使うだけでなく、お金を貸したり、名義をかしたり、友達の尻拭いまでします。

万が一、自分が痛い目にあっても、まったく気にしません。ですので、結婚しても、今までの関係を変えようとはしません。

お金や名義の問題で家庭の中がギクシャクしても気にもしません。

友情男を持った奥様は、こう不満をもらします。

「私に内緒で夫が友人にお金を貸してしまいました。それも借金までしてですよ！　夫が信じられなくなりました。夫は悪いと思っていないので、謝ってもくれません」

えーっ！　と思うでしょうが、こうしたケースは意外に多いんですよ。

これでは夫に不信感を持つのは当然のことですね。こんなふうに、家庭より友情を取るような行動をするのです。それが友情男の特徴です。

◆アドバイス

女性は愛する男性から、誰よりも自分を優先してほしいと思いますよね。

例えば、彼のお母さんや彼の友達や仕事よりも、まず自分のことを考えて大切にしてほしいですよね。

ところが、友情男は貴女よりも友達を優先してしまうのですから、

「友達と私、どっちが大事なの?」

と言いたくもなります。この一言で、夫婦ゲンカがはじまります。

すると、夫は引っ込みがつかなくなって、つい「友達だよ」と言ってしまうことがあります。そんな些細なきっかけから離婚してしまうこともあるんですよ。

友情男は、友達と妻は別ポジションと思っています。それが理解できれば、夫を恨んだり誤解したりしないで済むでしょう。

夫を理解することで、友情男の行動を受け入れましょう! きっと上手くいきます。

夢想男

努力しないと借金だけが増える

［ダメ男度四〇％］ ☺☺☺☻☻

◆予兆

もし彼が……、

⊗お店を持ちたい

⊗起業したい

⊗会社を作りたい

と言ったことがあるとすると、もしかして彼は**「夢想男」**かもしれません。

お店を持ったり会社を興《おこ》すって、女性からするとちょっとカッコ良いじゃないですか。

だから、つい嬉しくなり、予兆を見過ごしてしまうことがあるのです。

夢があるって素敵なことです。彼ががんばっているなら応援してあげたい、と思う女性は大勢います。

でも、こんな予兆があったら要注意です。

⊗資金がない
⊗資金を作ろうとしない
⊗人脈がない
⊗勉強をしていない
⊗具体的な計画がない

女性の心を「自分の夢」でくすぐっておきながら、**夢に向かってなんの努力もしていない**、なんてがっかりですよね

彼が夢想男かどうかはっきり知りたければ、彼にこう聞いてみてください。

「いつまでにどんなお店を作りたいの？」

「会社を作りたいのに出来ないのは、何が足りないからなの？」

もし具体性のない答えしか返ってこなければ、単なる口先だけの夢想男と見ましょう。

貴女の人生を狂わすかもしれない、夢想男の予兆としっかり心得ましょう。

◆特徴

実際の結婚生活に入って、単調な生活に飽きてくると、夢想男は突然こんなことを言

いだします。

「やっぱりお店を持とうかな」

「オレは会社作らないとダメだ」

しかし、実際には夢のために何年もかけ本業以外の仕事をしたり、お金を貯めていたり、勉強して資格を取るなどの努力はしていません。実績がともなっていれば理解もできますが、何もしていないのにと、不信感が募り、あきれてしまうという悩みをよく聞きます。

夢を見てるとしか思えない言動に、周りが振り回され、はらはらさせられます。

だから妻は、「お店そろそろ持ちたいんだけど」といわれても、「どうやって？　お金はどうするの？　今の生活でぎりぎりでしょ」と必死で思い留まらせようとします。

そして「そんなにやりたいなら、お金貯めてからにして！」というと黙ってしまいます。

気持ちがあれば、行動力や計画性がなくても、いつかなんとかなると思っているのが夢想男の特徴です。だれが何をしてくれるっていうのでしょうか。

◆アドバイス

夢想男って案外多いのですよ。

夢を実現できるだけのあり余る資金をもっていれば問題はありません。

しかし、ほとんどの夢想男は、先立つものがないくせに、夢を実現したいと思っています。

そんな夫の「夢を実現したい」発言を聞くたびに、「今の生活はどうなってしまうの？」と、妻は物凄く不安になります。そして、「何を考えているのかしら」と生活感のズレを感じるようになります。

実際に親や銀行から借金し、夢は実現できたけれど、結局上手くいかずに債務整理や自己破産、なんて例はいくらでもあります。

貴女の彼がどんな夢を持ち、どれだけ準備をしているか、それが問題です。

結婚前に彼の「夢」としっかり向き合いましょう。

買い物男

カードや現金の管理しっかり握り

［ダメ男度二〇％］☺☺☺☺☻

◆予兆

もし彼が……、

⊗スーパーに行くことに抵抗がない
⊗雑貨や洗剤など新しい商品が好き
⊗セールや割引、見切り品大好き
⊗頼むと何でも買ってきてくれる

なんてことがあるとすると、もしかして彼は**「買い物男」**かもしれません。

買い物すること自体は悪いことではありませんよね。「男性がスーパーでお買い物なんて、なんか良いんじゃない」「年取っても夫婦で買い物するなんて微笑ましい」なんて思っていると、予兆を見過ごしてしまうんです。

最近では「弁当男子」なんかも流行《はや》っていて、ひとりで男性がスーパーでお買い物、なんていうのも珍しくありませんものね。
そのほかに、彼にはこんなことがありませんか？
⊗通販でも買い物をしている
⊗テレビ・ラジオショッピングが好き
⊗趣味はショッピングと言う
⊗「安い」「おいしい」「性能が高い」といわれると弱い
⊗目的以外の物でも買ってしまう
⊗大型量販店や家電店に行くのが好き
もしこれらのことが該当したら、買い物男の予兆でしょう。さらに、
⊗彼の部屋が商品で埋まっている
⊗収入の多くが買い物で消える
なんていうことがあれば、間違いなく買い物男の予兆です。チェックしてみましょう。

◆特徴

買い物男の買い物は、スーパーでの安売り商品だけでは済まないのです。ホームセン

ターで観葉植物からアクセサリーなどの装飾品、家具や家電まで、ひとりで買い物しま す。しかも、貴女の好みや都合を考えずに、次から次へと買っていきます。

買い物男に悩まされるKさんは、こう言います。

「ま～た～！　と最初は呆れ顔になってしまいました。腐らないものならいいのですが、なまものをたくさん買ってこられても、本当に迷惑なんです。買ってきてくれるのはありがたいのですが、こっちの都合を考えていないので、ムカ～っとしてしまいケンカになります」

続けて、こう言います。

「部屋の大きさも考えないで、大きな机を勝手に注文してきました。配送されてきて、初めて買ったことを知りました。自分のことだけ考えるのは止めてほしいです」

このあと、夫婦でかなり揉めたといいます。夫婦で話し合いを繰り返し、夫に多少の改善は見られたようですが､依然として「ちょこちょこ買い」は続いているそうです。

これが買い物男の実態です。

女性に多い「買い物依存症」とはちょっと違うようです。

◆アドバイス

小さいものや安いものを買ってくるうちは可愛いと思えます。しかし、必要でないものを大量に買われたり、家具や車なんかを貴女に黙って購入されたら、冗談じゃないわ！　って思いますよね。

これを防止するには、カードや現金を持たせない、休みは一緒に行動するといった対策が考えられますが、１００％防げるわけではありません。

対策の基本は夫婦仲良く、コミュニケーションをマメにとることです。これにより、買い物男をかなり改善できる可能性があります。

勝手に買い物されないように、結婚してもいつまでもラブラブな関係を保ちましょう。

男尊女卑男

親譲りなのか責任感か区別

［ダメ男度八〇％］☺☻☻☻☻

◆予兆

もし彼から……、

⊗君は女なんだから○○は良くない
⊗女はそれは言うべきではない
⊗女は家にいればいいんだよ
⊗女は楽でいいよ
⊗女の酒やタバコは許さない

といったことを言われたことはありませんか？　あるとすれば、彼は**「男尊女卑男」**かもしれません。

男尊女卑男は、何の根拠もないのに、女性は男性より劣っているとか、女性が我慢したり束縛されるのは当たり前と考えています。それが、ついつい「女は○○……」という言葉になって出てきます。

でも、なぜ男尊女卑の予兆に気がつかないのでしょうかね。それは「自分に言ってくれている特別な言葉」と勘違いしてしまうからなんです。

要するに、「彼は他の女性には『女は○○……』なんて言わない。私にだけ言ってくれる。それは、私のことを特別な女性と思ってくれているから」と受け止めてしまうんです。
男尊女卑男は、普段は自分の方が貴女より偉い、優れていると言いますが、反面こんなことありませんか？
⊗デートでは割り勘が多い
⊗重いものを持ってくれない
⊗自分が苦手なことを頼んだり、押し付けてくる
⊗困っても助けてくれない
どうでしょうか、心当たりありませんか？　もし心当たりがあったら、男尊女卑男の予兆ですよ。
言い分も言い方も偉そうだとしたら、完全に男尊女卑男と見ていいのではないかしら。自分が貴女より優れているといいながら、デート代を出してくれなかったり、困っているのに助けてくれないなんて間違っていますよね。
男尊女卑男は、こんな**矛盾を平気でやります**。
もうひとつ、男尊女卑男かどうかを見分ける方法。それは、彼のお父さんに会ってみることです。彼のお父さんに「女だから……」発言があったなら、間違いなく**親ゆず**

りの男尊女卑男ですよ。
男尊女卑男の言葉は、暴言やモラハラともとれます。彼の考えがどうなのか真剣に見てみましょう。

◆特徴

男尊女卑男は、結婚すると「男が上、女は下」の考えのもとに、自分の考えや価値感を妻に押しつけ、「お前は女なんだから、〇〇はするな！」と言います。

要は自分は男だから偉い、お前は女だから能力が低い、だから黙ってオレの言いなりになっていればいいんだ、と考えるのです。

そのくせ自分は立派な男だといいながら、妻に頼ってきたり、妻がいないと生活できなかったりします。

男尊女卑男の夫を持つDさんの体験を紹介しましょう。

Dさんの夫は、常々自分は立派な人間で、男は女性より上だと口に出してはっきり言っていたそうです。パートに出たいと言えば、女は家にいて夫に尽くせと言い、何か習いたいと言えば、生意気になるだけだからやめろと言ってたそうです。

しかし、夫がリストラされそうになると、とたんに態度が変わって、頼むから働きに出てくれとか、何か資格を持っていないのかと真逆のことを言いだし、Dさんは唖然としたそうです。

どうですか？　ひどいですよね。家にいてほしい。資格など取る必要はない。その理由が「女だから」では、まさに男尊女卑男そのものですよね。

こんなふうに、男としての実力がなく、責任も取れないくせに、何の根拠もない「女だから」発言をするのが男尊女卑男の特徴です。

■アドバイス

今時の若い男性はこんな発言しないんじゃない？　なんて思っていたら、それは間違っています。

自分の親の影響でしょうか、女性は男性より能力が劣っていて、自由はなくてよいと思っている男性は意外と多いです。

結婚したら何もかも夫の言いなりになる、なんて生活はオススメしません。

まるで主人と家来みたいな関係になってしまいますよ。

彼に実力や責任感があり、かなりのレベルで尊敬できれば夫婦としてやっていけるかもしれませんが。出来れば、「女なんだから」発言をやめてもらいましょう。貴女の幸せのために、彼が貴女をひとりの人間として尊重する気持ち、貴女の能力に敬意を払う気持ちを持てるようになってから結婚しましょう。

セックスレス男

合意の上なら問題なしも

［ダメ男度八〇％］☺☻☻☻☻

◆予兆

もし彼が……、

⊗初めてのセックスまで、付き合い始めて長かった
⊗会ってもセックスを求めない
⊗一緒に寝ても、本当に寝るだけ
⊗ＡＶビデオに興味がない

⊗セックスは淡白

なんていうことがあるとすれば、もしかして**「セックスレス男」**かもしれません。

しかし、「自分を大切にしている証《あかし》」だとか、「私もあまりしたいと思わないからちょうどいいかも」なんて思ってしまうと、予兆を見逃します。

セックスは男女間、特に夫婦間では重要なテーマです。

もし、彼と結婚したら、一生続けていかなければならない大切なことです。軽く考えずに、お互いに満足するセックスができるように努めなくてはなりません。

セックスレスもお互いに納得していれば問題はありませんが、女性にとって夫とのセックスは愛情のバロメーターになり得ますので、不満や疑問を感じたら、逃げたり恥ずかしがらずにしっかりと向き合いましょう。

セックスレス男かどうかの予兆は、貴女が彼にセックスを求めたとき……、

⊗「疲れているから、したくないんだよ」

⊗「明日も早いから、もう寝るよ」

⊗「そういう気分じゃないんだよ」

⊗「今度にしてくれないか」

なんて言ってきます。こう言われたことがあるとすれば、やはりセックスレス男の予兆と見ましょう。

恋愛中の彼女から求められて、たとえやんわりとでも断るなんて、なんか変です。

さらに試しのつもりで、次にまた貴女が誘ってみて、

⊗「セックスのことしか考えていないの？」

⊗「そんなにセックスが好きなの？」

⊗「おれは自分から誘う女性は好きじゃない」

⊗「いままでも自分から誘っていたの？」

なんて言われたことがあるとすれば、間違いなくセックスレス男の予兆ですよ。

繰り返して言います。夫婦にとってセックスは大事です。甘く考えずに、彼がセックスに弱いのか、ほかで解消しているセックスレス男なのか、試してみましょう。

◆特徴

セックスレス男は基本的に性欲が弱く、そのためあまり積極的に求めようとはしません。精神的な疲労やストレスで一時的に性欲が下がっている方や、生まれながらに弱

い方、ＥＤという病気のために弱っている方もいます。

セックスレス男はセックスを求めてくる相手を罵倒《ばとう》したり、さげすむような言葉をぶつけます。そして、長期にわたってセックスがなくなっても努力しようとしないので、女性が不満や不信感を持ってしまいます。

若い夫婦のセックスは欠かすことのできない潤滑油なんです。ちょっとしたケンカやいさかいが起きても、セックスをすればお互いに相手を許す気持ちがもてたり、わだかまりが溶けていくことがあるのです。

セックスレス男との結婚生活は、そんな潤滑油となるセックスがないため、険悪な雰囲気が続いたり、相手を疑ったりと、なかなか円満な家庭とはならないのです。

そんなことから夫婦の間に大きな溝ができてしまいます。

溝を埋めようと、意を決して妻のほうから「子どもがほしいのだけど……」と言いだすと、「オレはいらないから」といわれ、離婚を考えだす方が多いのです。

◆アドバイス

セックスレスも夫婦お互いが合意してのことであれば、問題はありません。

でも、若いご夫婦ですと、なかなか一致しないようですよ。

結婚前にセックスレス男のセックス能力を見極めるのは難しいですが、セックスに対する考え方なら知ることができると思います。

夫にとってのセックスとは何か、夫婦にとってのセックスとは何かを、お付き合いしているときから、フランクに話ができる関係を作っておくことをオススメします。

セックスレスの解決策は、お互いに話をすることでセックスレスの原因を理解することです。もし病気であれば、一緒に病院へ行くなど、できることをするしかないでしょう。

まれに、セックスレス男かと思っていたら「実は浮気男」だった、ということがありますので、くれぐれも注意してください。

セックスレスは繊細で深刻なテーマです。

結婚前に彼にセックスの不満を感じているのでしたら、結婚するのはやめましょう。

結婚後、夫が妻に気を使って、セックスをよい方向に変えた、という話はあまりありません。

セックス過剰男

肉体も精神も苦痛に

［ダメ男度八〇%］☺☻☻☻☻

◆予兆

もし彼が……、

⊗会うたびに必ずセックスを求めてくる

⊗デートの際は、まずセックスから

⊗生理中でもセックスを強要する

⊗何度も求めてくる

⊗友人宅に泊ったときも求めてくる

なんてことであれば、彼は**「セックス過剰男」**かもしれません。

このようなことがあれば、「この人、相当な人」って気がつきそうですが、「自分への熱烈な愛情表現」とか「こんなに要求されるのは初めてで、愛されてるって感じ」なんて誤解してしまうと、付き合い始めはこの予兆に気がつかないのです。

女性にとってセックスは愛情のバロメーターですものね。多いほど、愛情表現をしてもらっていると思ってしまっても、無理はありません。

しかし、本当にセックスが好きなセックス過剰男は、**女性の気持ちや都合なんて考えずに**、自分の性的欲求を満たそうとすることだけで頭がいっぱいです。

なので、貴女が、

「体調が悪いから」

「落ち込んでいてとてもそんな気になれない」

「疲れているから、明日にして」

と断っても、聞き入れてくれるどころか、むっとして物凄く怒ります。

そんな彼の機嫌を取るために泣く泣く応じてしまった、ということありませんか?

あるとすれば、やはり彼は自分勝手なセックス過剰男の可能性大ですよ。

セックスが少なくて悩む女性もいますが、セックス過剰男と結婚された方は、さらに悩みが深刻です。

女性が体調を崩し病院へ通ったり、夜が怖いと思うようになったり、夫のそばに寄ると吐き気をもよおすなど、様々な症状を訴えるようになります。

そんなことにならないように、思い切って一度彼に、こう質問してみてください。

「何日くらいセックスしなくても大丈夫?」

「毎日するのが当然だよ」なんて言われたら、本物のセックス過剰男ですよ。

◆特徴

セックス過剰男はとにかくどんな状況でも、毎日セックスを欠かさずします。妻の都合は全く考えません。たとえ妻の体調が悪くても、子どもが高熱を出していても、親戚が泊まりに来ていようがお構いなしなのです。

妻をセックスの機械か何かと考えているのでは、と思うほど、妻の気持ちを無視してとにかく要求し性欲を満たします。

妻は、夫の機嫌をそこねたくないので、仕方なく応じてしまいます。そんなことを365日何年もさせられていると、夫を恨んだり、軽蔑や哀れみの気持ちが湧いてくるといいます。

体調を崩してしまったSさんの話を紹介します。

Sさんは、付き合っている頃から、会えば必ずセックスを求められていたのですが、当時はそのことに特別な疑問を感じずに結婚したそうです。

そして、結婚して5年間、1日も欠かさずにセックスの要求に応じてきたといいます。その間にSさんは自分の変調に気づきはじめました。4年目を過ぎた頃、夫の臭いを嗅ぐだけで気分が悪くなってくる自分を感じたのです。夫にはそのことを伝えられなかったので、我慢していたら、寝室に入るだけでめまいがするようになってしまった、といいます。

こんな状況でのセックスは、ある意味「暴力」ですよね。結婚生活を続けるかぎり、これからもSさんは彼女の意思を無視され、ずっとセックスを強要されるんですよ。お気の毒です。

セックス過剰男と結婚すると、どれだけ苦痛があるかおわかりになりましたか。こんな苦痛から自分の身を守るために、セックス過剰男の予兆をしっかりと心得ておきましょう。

◆アドバイス

セックスは夫婦にとって重要なものです。セックスが少なくて悩む方もいれば、夫の過剰な要求に耐えられなくて逃げだす妻もいます。

最初は夫の愛情表現と感じるセックスも、毎日欠かさずの過剰なセックスでは苦痛になってしまいます。

彼にセックス過剰男の予兆を感じ、いま貴女が苦痛を感じているとすれば、結婚は考え直してみましょう。

セックス過剰男と結婚したら毎日のセックスが死ぬまで続きます。

もしどうしても彼と結婚したいのであれば、貴女が肉体的・精神的負担を和らげるために、婦人科などで相談することをオススメします。

また、少しでも彼に自分の苦痛を理解してもらうため、それを素直に伝えることも大切だと思います。彼がセックス依存症でない限り、貴女に配慮してくれるはずです。

セックス下手男

正直に話し合ってみて

[ダメ男度六〇%] ☺☺☻☻☻

◆予兆

もし貴女が彼とのセックスで……、

⊗あまり快感が得られない

⊗感性があわない

⊗され方が気持ち悪い

⊗満足できない

⊗もしかして下手?

なんて思ったことがあるとすれば、彼は**「セックス下手男」**かもしれませんよ。

セックスは男女間の重要なテーマです。

もし貴女が「これから変わるのでは」とか「お互いに慣れていくんじゃないかしら」なんて思ってしまうと、この予兆を見逃してしまいます。

「体の相性」という言葉があるくらいですので、セックスの相性が合わないと不満や苦痛を感じるようになってしまいます。

そんなふうにならないために、

「お願いがあるの……」

「もう少しこうしてほしいんだけど……」

なんて要望を、彼に伝えてみたらどうでしょうか。ただし、彼に配慮して落ち込ませることがないように伝えてね！

でも、こんな言葉が返ってきたら、やっぱり彼はセックス下手男の可能性があります。

⊗「どうすればいいかわからないよ！」

⊗「無理だよ、そんなこと」

◆特徴

セックスは定期的にしてはいるものの、満足できないという奥様のお悩みをよく聞きます。頻度には問題はないようですが、セックスの内容に問題があるというのです。

セックスをすれば夫は自分の欲求が遂げられ100％満足するでしょう。

しかし、妻はどうかといえば、夫のテクニックの悪さや乱暴で思いやりや優しさが感じられないセックスには満足できないのです。

そんな妻の気持ちや体を理解しようとせず、セックス下手男は、ただ欲求のはけ口のようなセックスを続けるのです。

鈍感なのか無神経なのか、セックス下手男の特徴です。

妻はそんな夫とのセックスが苦痛になって、夫を避けるようになります。

なぜ避けられるのか理解できない夫は、妻に不満を持ち、夫婦関係がギクシャクしてしまいます。

◆アドバイス

ふたりの間できちんとコミュニケーションが取れていれば、セックスの内容についての問題も解決できるのではないでしょうか。

セックスに限らず、夫婦で不満や要望をもっていても、なかなか相手に伝えずにわだかまりをもってしまう方が多いです。

特にセックスのことは言いにくいのは理解できます。

しかし、セックスは重要なことですので、不満を感じた早い段階で相手に伝えることが大切です。ですので、彼とは何でも話し合える関係かどうかがポイントになります。どうですか、何でも話し合えますか？　思い切って、今からセックスについて話し合ってみましょう。

段取り男

うまくいかなくなると腑抜けに

［ダメ男度二〇％］☺☺☺☺☻

◆予兆

もし彼が……、

⊗旅行やイベントの計画を綿密に立てる
⊗デートの時間も分刻み
⊗道路状況や天気予報も知っている
⊗デートで行く場所へ事前に調査に行っている

⊗仲間の集まりなどでは仕切る

なんてことがあるとすれば、もしかして彼は**「段取り男」**かもしれません。段取り男みたいな男性が、学校・職場のパーティーや行事などにひとりいてくれると大変助かります。

リーダーシップを発揮している姿には頼もしさを感じてしまいますね。なので、予兆に気がつかない女性が多いのです。

でも、家庭ではこんな段取りやリーダーシップも疎《うと》ましく感じてしまうものなのです。

さらに具体的な予兆をあげてみましょう。

デートやイベントが終わると「どうだった？　楽しかった？」と質問攻めにする。

アドバイスをしたり、率直に感想を言うと、

「何が悪いんだよ」

「お前はオレの計画の意図が全くわかっていないな」

「オレが悪いんじゃない。主旨が理解できないみんなのほうに問題あるんだよ！」

と反論してくる。なんていうことがあれば、やはり彼は段取り男かもしれません。

◆特徴

男取り男は結婚すると、人生の計画を段取るようになります。子どもを作る時期やマイホーム購入の時期はもちろんのこと、旅行先や時期などまで綿密に計画します。段取りや準備が大好きなので、近所の催しを仕切ったりと、なにかと頑張ってくれます。

しかし、自分の段取り通りに計画が進まないと、なかなか修正が利かないようなのです。

すると、不幸な結果を招くこともあります。

段取り男のDさんは、赤ちゃんを待ち望んでいて、ベビーベッドをそろえるなど準備万端でした。ところが2年経っても妻は妊娠せず、離婚してしまいました。

同じく段取り男のGさんは、会社の運動会で幹事になった時、ケガ人が出てしまったので、担当者の不注意を強く責めました。きっと度がすぎていたのでしょう。責めているうちに会社に居づらくなって退職してしまいました。

世の中には計画通りにならないことってありますね。特に自分の人生に計画や夢を持っている一見頼もしい男性は、それが上手くいかなくなると、その状況を受け入れられなくなります。その原因は妻にある、と言いだしたり、周りが悪いなどと言いだす人もいます。

段取り男は、**予定通りに行かなくなると、全くの腑抜けになって、相手のせいにしてしまいます。**それが特徴です。

◆アドバイス

自分の計画が段取り通りにいくと思い込んでいる人と結婚すると、結構大変です。責任感があり、人に押し付けるようなことがなく、最後まで成し遂げる力があるのかよ〜く見てみましょう。

そして、彼が自分の人生をどれだけ段取っているのか、また貴女はその人生についていく覚悟があるのか、よく考えてみて下さい。

同じ段取り男でも、鍋奉行や忘年会の幹事を買って出るくらいなら楽しく過ごせるのではないでしょうか。

束縛男

簡単なルールから徐々にエスカレート

［ダメ男度八〇％］ ☺☻☻☻☻

◆予兆

もし貴女が彼から……、

⊗携帯をチェックされたり
⊗飲み会の参加メンバーを確認されたり
⊗帰宅時にメールか電話を強いられたり
⊗家族との行事に口を挟まれたり
⊗仕事の内容まで指示されたり
⊗服装や髪型、持ち物などの好みを伝えられたり

こうしたことがあれば要注意です。貴女の彼はもしかして**「束縛男」**かもしれません。一見すると、これらの言動は貴女を愛している証であったり、ふたりの関係が深まったように思えることばかりです。

しかし、これくらい普通じゃないの？　と思っていたら危険です。そこに落とし穴があるからです。

束縛男もバカではありません。**恋愛中は貴女の信頼を失うような言動は謹みます**し、貴女の忍耐の限度も知っています。だから、貴女と合意したように見せかけて束縛しようとします。

貴女の合意を得るために、束縛男はこんなふうに言います。

「携帯見せて」

「なんで？」

「君のこと好きだし、もっと知りたいから」

交際期間中にこんなふうに言われたら、つい携帯を見せてしまいますよね。

でも、これは愛という名の元に貴女を監視しているのです。

交際期間中に、彼がこんなことを言いだしたら、束縛男になる可能性大と思ってください。

「君が心配だから連絡してくれ」

「どんな人と付き合ってるか気になるんだよ」

「君がどこで何してるか気になって仕方がないんだ」

「内証にされるといやなんだ」

「もっとオレ好みの女になってほしい」

「オレの言うことが信用できないの？」

そのほかには、貴女の退社時間に職場の前で待ち伏せしたり、飲み会の席に顔を出したり、一日に何度もメールや電話をしてきたりしたら、それも束縛男の予兆と見るべし、ですよ。積極的なラブコールと勘違いしないでくださいね。

彼が束縛男であるかどうかを知りたければ、彼にさりげなくこう聞いてみてください。

「過去に付き合った彼女とは、なぜ別れたの？」

もし彼が、こんなふうに答えたら、束縛男であるかもしれません。

「オレの言うことをぜんぜん聞いてくれなかったんだ」

「勝手に友達と会ったり、飲みに行ったりするから」

「秘密が多いからケンカばかりで離れていってしまった」

◆特徴

束縛男は、段階的にルールを作って、相手の女性を束縛していきます。

最初は、たとえばこんなルールから始まります。
○飲み会には行かない
○残業は△時まで
○帰宅したらメールする
こうした簡単なルールから女性を束縛しようとします。

そのルールを定着させたくて、付き合い始めの頃は物凄く相手に尽くして安心させます。

会話をしていても結構楽しく、相手の考えに合わせるので、彼から大事にされていると思い込んでしまいます。

ところが、初期のルールが定着すると、次の段階に進みます。さらにルールが厳しくなって、こんな具合になります。
○お金の管理を言い出す（貯金や使い道）
○休みの日は必ずデートするように強要
○彼の許可なしでは友人に会ってはいけない

こうしてルールがエスカレートし、生活のほとんどを彼に管理されていきます。一回ルールを破ると、ペナルティーとしてさらにルールを厳しくするか、新たなルールを増やしていきます。気がつくと自分の時間や自由がなくなり、はたまた自分の稼いだお金さえも自分の意思では使えなくなってしまいます。

普通に考えたら、ありえませんよね。でも、そこが束縛男の恐ろしいところです。じりじりと相手の生活を侵食していき、身動きがとれなくしていくのです。

◆アドバイス

実際のところ、恋する女性には、束縛男の予兆は見分けがつきにくいのです。

「自分を愛しているから気にしてくれている」

「やきもちを焼かれると幸せを感じる」

と思う女性も少なくないからです。やはり恋は盲目なんでしょうね。

束縛は愛している証拠、なんて思っているとしたら、要注意です。

彼を一生のパートナーと考えているであれば、少し冷静になってみてください。

彼が作ったルールに疑問や不信感を感じていたら、もう一度彼を見直してみましょう。

束縛男は、**結婚すると束縛がさらにエスカレートします。**夫に盗聴器をつけられたという「家庭内ストーカー」状態になってしまうことだってあるんです。

自分の家に居て、手足を思いっきり伸ばせない生活なんて最悪ではありませんか。それでも、自分を愛しているからだ、と思えますか？

もし、そう思えたとしても、やがて彼を軽蔑し、うっとうしく思い、逃げ出したくなります。そんな状態で結婚しても、すぐに離婚を考えるようになってしまいます。

いじわる男

仮面の下はねちっこい性悪

［ダメ男度一〇〇％］☻☻☻☻☻

◆**予兆**

もし彼の印象が……、

⊗目つきが悪い

⊗影があって暗い
⊗人や世間を恨んでいる
⊗ケンカには自信がありそう
⊗人の意見を無視する
⊗残酷なことをしそう
⊗忠実な愛を求めている

なんて感じたとしたら、彼はもしかして**「いじわる男」**かもしれません。

でも、こんな人を好きになるはずがないじゃないと思いますよね。

ところが、母性の強い優しい女性は、私がそばにいて彼を支えてあげたいという気持ちが湧き、予兆を見過ごしてしまうのです。

もともと女性には、影があってちょっと悪そうな、しかもイケメン、なんていう男性が大変魅力的に見えて惹かれてしまうものですよね。

でも、暗くて人を恨んでいるような男性、これがたちが悪いのです。

いじわる男かも、と思ったら、さらに彼の言動をよく見て下さいね。

いじわる男は優しい態度も見せるので、なかなか判別しにくいと思いますが、一緒にいてこんなことがありませんか。

貴女が、

「帰りたい」と言うとムッとする

「いや」と言うと威圧した態度に出る

断ると「なんでだよ」と迫る

そして、自分が気に入らないと「ふざけんなよ」と言う

もしこんなことがあるとすれば、やはりいじわる男の予兆と思って下さいね。

いじわる男は、意地悪をしながら相手の反応を見ています。

完全に嫌われたら最後ですので、彼のいじわるは恋愛中ではぎりぎりのところでとどまります。

⊗携帯を隠された

⊗メールやアドレスを全部消された

⊗わざと約束を破られた

⊗彼の用事に何時間も付き合わされた

⊗危険な運転をされた

⊗セックスを強要された
⊗ケンカをすると真夜中でも、どこでも「帰れ」と言う
もしこんなことをされているとしたら、彼はほぼ、いじわる男と言っていいのではないでしょうか。
いじわるも一種のDVではないかと思います。
予兆を見逃すと大変不幸なことになります。
大好きな彼とはいえ、正しい目で、もう一度彼を見てみましょう。

◆特徴

いじわる男は、最初からいじわるなわけではありません。

どこか淋しげで頼りなさそうに見えて、こちらが**哀れみを感じてしまうような仮面をかぶっています。**

なぜ仮面かといいますと、淋しげで頼りないような印象とは全く違う、乱暴で意地悪な本性をもっているからです。

それを最初から出すと女性から敬遠されることを知っていて、徐々に仮面をはぎとっ

ていくかのように、いじわるがエスカレートしていきます。そして、本性をむき出しにしたときに、恐怖や憤りを感じるようになります。

実際にあったEさんの話をご紹介します。

Eさんは、結婚直後から些細なことで夫とケンカすると、夫のつまらないいじわるが始まったといいます。

靴や財布を隠されたり、自分の実家に行く日には必ず別の急用を作って行けないようにされたり、さらには気に入らないことがあると、わざと危険な運転をして恐怖感をなんども感じさせらせ、「死」さえ意識したといいます。

とどめの事件は、子どもを連れて夫の実家に行くときに起きました。車内でケンカになり、夫は駅やバス停もない山道で、妻に車から降りろと怒鳴りました。しかも、財布や携帯を置いていくように命じ、なんと子どもまで置き去りにしたのです。彼女は携帯だけは離さず、警察に助けを求めました。

どうですか? 夫にこんなことされるって、ありえない話ですよね。想像しただけで怖くなります!

でも、いじわる男と結婚するとこんなことをされてしまうのです。注意しましょう。

◇アドバイス

いじわる男とは結婚してはいけません。いじわる男は人間的に最悪です。夫のいじわるな言動で、貴女が今までに感じたこともないような、惨めな気持ちや恐怖感を感じるからです。

DVのように繰り返しされてしまうので、そのうちに、何が悪くて何が正しいかの見分けがつかなくなります。

そして、いじわるされたくないという思いから、自分の気持ちを殺し、夫の機嫌を取るようになります。

いじわる男からいじわるをされ続け、パニック障害になってしまう方や、恐怖の出来事を思い出すだけで涙が止まらないという方もおります。

そんなことになったら、貴女の人生は取り返しのつかないことになってしまします。

予兆を感じたら、結婚はやめましょう。

収入秘密男

パートナーとして信頼性疑問

［ダメ男度六〇％］☺☺☻☻☻

◆予兆

もし彼が……、

⊗会社での地位

⊗会社の業績

⊗お金の話

⊗貯金に関すること

などを秘密にしていたり、あまり語りたがらないことがあるとすれば、もしかして彼は**「収入秘密男」**かもしれませんよ。

自分の収入に関することを秘密にしている男性は、貴女に心を開いていないか、物凄くお金に執着しているかのどちらかではないでしょうか。

そんな男性は、結婚しても貴女に自由にお金を使わせないようにしたり、自分の行動を明かさなかったりします。問題あり、ですよ。
でも「謎めいていて気にならない」とか「お金がなくてもあっても関係ない」なんて気持ちがあると予兆を見逃してしまうのです。
さらに具体的な予兆をあげますね。
⊗何をしているか、行動がわからないときがある
⊗買い物や旅行に行っても、そのことを言ってくれない
⊗残業や休日出勤しているのかわからない
⊗金銭感覚があまり伝わってこない
どうですか？　こんなことがあるとすれば、やはり収入秘密男の予兆と心得ましょう。
プロポーズされた後、収入秘密男かどうかを見分けるためには、すばり！　こう聞いてみてください。
「貴方の年収どのくらい？」
もし、こんなことを言ってきたら、完全に収入秘密男とみて下さい。
「君には関係ない！」
「その話はやめようよ」

「オレは言わない主義なんだ」

◆特徴

収入秘密男はお金の管理・運営は自分でしっかりやっています。収入を妻に知られたくなく、稼いだお金を妻に任せられないのが収入秘密男の特徴です。

妻を信じられないということもありますし、自分が稼いだお金は、たとえ妻でも自由に使わせたくない、と思っています。

妻には月々、家計費と称して、少ない一定額を渡します。

結婚し、妻が家計を任されるというのはある意味、主婦の醍醐味でもあるのです。そんなやりがいを与えてもらえないと、妻はいずれ夫に不信感を持つようになってしまいます。

収入秘密男と結婚したSさんのケースを紹介します。

Sさんは、結婚してもほんのわずかな一定の家計費しか渡されず、不満を感じながら生活していました。収入について何度聞いても、「君には関係ないから」と相手にされなかったといいます。

ある時、夫が株で損をしたので、住居にしているマンションを売りたいと言いだしました。そのとき初めて詳しくお金の話をしたのですが、Sさんが思っていた数倍の収入があったという事実を知り、驚いたそうです。

それまで一切教えてくれなかったことに対し、裏切られたという気持ちでいっぱいになったといいます。そして、Sさんは離婚してしまいました。

共働きのご夫婦でも、お互いに収入を知らずにいると、相手が何を考えているかわからなくなり、大きな溝ができてしまいます。注意しましょう。

◆アドバイス

お金のことは夫婦にとって大事なことです。できれば、家計の共有意識は持っておかれたほうがいいですよ。

そのうちに教えてもらえるようになる、と思っていても、自然には無理です。貴女がよほど彼に信用されるか、愛されるかするなど、かなりの努力が必要になるでしょう。

彼が婚約しても貴女に収入を伝えないのであれば要注意です。そんな彼は貴女に何を望んでいるのでしょうか。

収入秘密男は、結婚という形に収まりたいだけなのか、貴女をお金を貯めるために必要な道具としか思っていないのか、彼の経済意識や収入、結婚観に注目してみましょう！

絶対に後悔のない主婦になるためには必要なことです。

ひも男

大事に扱われるも一生働く覚悟が必要

［ダメ男度八〇％］☺☻☻☻☻

◆予兆

もし彼が……、

⊗自称、会社経営者

⊗フリーで仕事をしている

⊗見習い中

⊗ずっとアルバイト社員

⊗転職中

だとしたら、もしかして彼は**「ひも男」**かもしれませんよ。

好きになった人が「たまたまフリーだっただけ」「正社員ではないけど頑張っているから」なんて思ってしまうと、予兆に気がつきません。

この予兆に気づかない女性は、こんなタイプです。

・ばりばり仕事をしている
・キャリアや地位がある
・資産や貯金がある
・一生使える資格を持っている
・太っ腹の姉御肌
・子どもを産んでも働き続けたいと思っている

どうですか？　もし1つでも当てはまるとしたら、ひも男を受け入れてしまう可能性が高いです。

そんな女性を嗅ぎ分けて、ひも男は近づいてくるのですよ。

貴女に気に入られようとして、彼はこんな態度を示しませんか？

⊗貴女の仕事に理解を示す
⊗貴女が働くことを応援する
⊗貴女が働いていることを褒める
⊗食事を作ってくれる
⊗ケンカになると彼が折れる

彼の態度にこんな心当たりがあるとすれば、やはりひも男の予兆と見ましょう。

さらに、貴女の家にしょっちゅう遊びに来ていたり、いつの間にか貴女の部屋で同棲状態になってしまっていれば、それもひも男の予兆と見ましょう。

特に同棲状態になっても、家賃や光熱費を払おうとしなかったりしたら、完全にひも男なのです。わかりますよね。

◆特徴

ひも男とは、女性の稼ぎを当てにして生活する男性です。

ほとんどのひも男は、自分が働かずに生活していきたいと考えています。そのため、女性はお金を運んできてくれる大切な人として大事に扱ってくれるのです。

仮に働いていたとしても、**自分の収入は自分のために全て使います。**基本的な生活にかかる費用やふたりで楽しむ旅行費用や食事代は、貴女にお任せしたい、と考えているのもひも男です。

見習い中やアルバイト中のひも男は、貴女に安定した収入があるとわかると、簡単に仕事を辞めてしまうことになるでしょう。

会社やお店を経営している男性も、資金繰りに困ると貴女に資金の調達を頼んだり、借金の保証人を依頼してきたりする可能性がありますよ。そして経営が破綻すると、そのままひも男になってしまいます。

ほかによくあるパターンとしては、「転職男」から「ひも男」になるパターンと、結婚をきっかけに日本に移住してきた外国人夫がひも男になってしまうパターンがあります。

◆アドバイス

ひも男との結婚は、役割を逆転することができれば上手くいく可能性があります。現実に夫が家事・育児全般を引き受けて、妻が外で思いっきり働くというスタイルのご夫婦もおります。

しかし、実際にはそこに行き着くまでには男女共に大変な葛藤があります。

女性はなんだかんだといっても、自分より夫に稼いでほしいと思っていますよね。

しかも収入のないひも夫が家事が上手いとは限らないし、その上パチンコで使うおこづかいをあげたり、場合によっては車を買ってほしいなんて言われてしまいます。

ひも男と結婚し、上手くやるためには、貴女には以下のことが必要です。
・愚痴や弱音をはかずに一生働く強い意思
・ジェンダー的意識（男女の社会的な性）にこだわらない
・強靭な肉体と精神
・太っ腹で大らかな気持ち
どうでしょうか、自分自身を振り返ってみましょう。

偏食男

理不尽に料理を批判され憤慨

［ダメ男度二〇％］ ☺☺☺☺☻

◆予兆

もし彼が……、

⊗野菜が嫌い

⊗魚が嫌い

⊗肉が嫌い

⊗炭水化物などは摂らない

⊗インスタントラーメンが大好き

⊗朝食は食べない

⊗同じものばかり繰り返し食べる

など、２つ以上該当するとしたら、彼は**「偏食男」**かもしれません。

「食べ物の好き嫌いがあるなんて大したことではない」なんて思っていませんか。

でも、**食べ物の好みが合わずに、いさかいが絶えない**、なんてご夫婦は意外と多いのです。
彼が偏食男だとしたら、食事に大変手がかかるし、健康管理も厄介です。偏食男かどうかしっかり見極めましょう。
さらに具体的な予兆をあげますね。
⊗油で揚げてるものが好き
⊗肉がないと食事ではないと言う
⊗夕食がインスタントラーメンでも平気
⊗外食はいつも同じ店
⊗食べたことがないものには挑戦しない
こんなことがあれば、やはり偏食男の予兆です。それを心得てお付き合いをしてみましょう。

◆特徴

偏食男は、食べ物の好き嫌いが激しく、特定のものを繰り返し食べるという偏った食事をする男性です。

その結果、体調が優れなくなったり、健康診断ではいつも引っ掛かってしまったりします。

妻が嗜好や栄養に配慮した食事を作っても、「食べられない」とか、「口に合わない」なんて平気で言って、食事に無関心なのです。

「体のことを考えてこれを食べてね」と言っても、「関係ないよ」と素っ気なく言われたらどうでしょう? 奥様は心穏やかではいられませんね。

それが積み重なると、大ゲンカになってしまうのです。

夫が発病すると、「お前の食事が悪いから病気になった」なんていわれて、物凄く落ち込む奥様もいます。

このように、自分の偏食は棚に上げて、妻が作る食事を批判する夫が多いのです。貴女の提供する食事に問題がある、なんていわれたら、たまったものではありませんね。

◆アドバイス

食べることは生きること、非常に大切なことです。健康維持を考えて食事をすることは、そんなに簡単なことではありません。

世の中は疲れきったサラリーマンで溢れています。そんな御時世に、外でバリバリ働いてもらうためにも偏食は改善しましょう。

もちろん、ご本人の意識も大切ですが、貴女の工夫と努力、プラス愛情のパワーで改善の余地はあります。

頑張れる自信がありますか？　料理や健康管理に自信がありますか？

「イエス」なら、夫は健康でがんがん働いてくれるでしょう！

格差男

価値観のズレ否めず家庭不和に

［ダメ男度六〇％］☺☺☻☻☻

◆予兆

もし彼が貴女より……、

⊗学歴が低そう

⊗収入が低そう
⊗育ちが悪そう
⊗なんかひねくれている
⊗言葉使いが悪い
⊗親を恨んでいる
なんて感じたことがあるとすれば、もしかして彼は**「格差男」**かもしれません。
でも、好きになった彼に対して「学歴なんて関係ない」「どんな仕事でもこだわらない」と思っていると、こんなはっきりとした予兆を見逃してしまうのです。
格差男は一方で……、
⊗イケメン
⊗優しい
⊗謙虚
⊗恋愛に真っすぐ
⊗正義感が強い
という面があるので、なおさら予兆を見逃しやすいのです。

女性はイケメンで優しく自分にストレートに「好きです。付き合ってください」といわれると弱いんですよね。格差男はその弱さにつけ込んでくるのです。
さらに格差男は、幸せな家庭を夢見ているのですが、それも予兆と心得ましょう。
なぜ格差男が幸せな家庭を夢見ているかというと、それはこんな理由によります。
⊗貧しい生活をしていた
⊗両親が離婚し、それぞれ別の家庭を持っている
⊗幼い頃から兄弟の面倒を見てきた
⊗食事など家事をほとんどやってきた
彼にはこうした過去がありませんか？
もし1つでも当てはまっているとすれば、彼は格差男の可能性大です。しっかりと予兆を頭に入れて格差男かどうか見極めましょう。

◆特徴

格差男は、育ちのよいおっとりした女性に惹かれます。

女性の品の良さや、人を疑うことがないキレイな心を持った女性が大好きなので、も

のにしたいとなると、とことん尽くしてきます。

女性の方も、そんな格差男の一途な愛情に応えたい気持ちが湧いてきます。やがて、どんなに親に反対されても、駆け落ちしてでも結婚すると言いだします。

でも、あまりに育った環境が違うと、価値感のずれや双方の家族のつりあいが取れないため、何かとトラブルを生むことになり、やがて夫婦関係が破綻してしまうのです。

実際に一緒に生活すると、**タオルひとつの使い方にまで違いを感じる**といいます。

格差男との結婚に失敗したKさんの例を紹介します。

Kさんはピアノ講師で、夫は中卒トラックドライバーです。Kさんは、超イケメンで温厚そうに見えた彼と、親の反対を押し切って結婚しました。

あるとき、夫の携帯から浮気？　と思えるような行動が発覚し、問いただすと「お前との生活は窮屈でいやなんだ。お前も生活も気取りすぎてんだよ。オレには合わない」と言われて唖然としたそうです。Kさんはいまだに、2年間の結婚生活は何だったのかと思い悩んでいるそうです。

◆アドバイス

愛があれば困難を乗り越えられる、という考えで格差男と結婚するのは危険です。

格差男は、一時的には貴女の考えや価値観を受け入れてくれますが、長続きしません。最初は新鮮に感じられた貴女の言葉や生活様式も、やがてはうっとうしくなって格差を感じてきます。

女性の方も、自分の価値感や育った環境を否定することはできませんので、夫を変えようとして批判し始めます。そうなるとますます夫婦関係は悪化してしまいます。苦しくなった格差夫は逃げ場を求めて浮気に走ってしまう。こんなケースはよくあるパターンです。

自分を殺して彼に合わせることができますか?

彼を苦しめることのないように、彼の過去をすべて受け入れますか?

「イエス」なら、大丈夫かもしれません。

自分の力量をもう一度見直してみましょう。

ゴキブリ男

愛の巣がやがてゴミの山に

［ダメ男度二〇％］ ☺☺☺☺☻

◆予兆

もし彼が……、

⊗食べた物の片づけをしない
⊗脱いだものは脱ぎっぱなし
⊗買ってきたものをそのまま放置
⊗飲み物の缶やビンはそのまま
⊗食べ物が落ちたままでも気にしない
⊗ごみを捨てることがない

なんてことがあるとすれば、もしかして彼は「**ゴキブリ男**」かもしれませんよ。

彼の部屋に行かない限り、部屋にごみが山積みになっていたり、虫がぶんぶん飛んでいる食べ残しのお皿などを見ることがありませんので、こんな予兆には気づきません。

女性でも「片付けられない女」が増えているので、男性なら有り得るんじゃない、なんて思ってしまいがちです。そうなると、ますます予兆には気づかないのですよ！

さらに具体的な予兆をあげますね。

⊗タバコを吸っても吸殻を捨てない（灰皿に山盛り）

⊗いらないものと必要なものがわからない

⊗すぐ着る洋服が見つからない

⊗大事なものがどこにあるかわからない

⊗小銭があちこちに転がっている

⊗部屋が異臭で充満している

もし彼の部屋に行ってこんなことを感じたら、やはりゴキブリ男の予兆と心得ましょう。

◆特徴

とてもだらしがなくて不潔、ごみの中でも平気で生活しているのがゴキブリ男です。

ゴキブリ男は、結婚したら**自分専用の部屋をほしがり、その部屋をゴミでいっぱいに**

してしまいます。

何度片付けるように言っても「このほうが落ち着くんだ」「片付けるから待っていてくれ」と言ってなかなか片付けてくれません。

妻を立ち入り禁止にしたり、片付けることを頑なに拒むのでどうにもなりません。

夜中に夫の部屋をのぞくと、真っ暗にした部屋でなにやら怪しげな行動している夫は、まさに巨大なゴキブリのように見えるそうです。

都会の住宅事情で、こんなふうに一部屋を夫が使えるというのはかなり贅沢なことです。それなのに、ごみで埋め尽くされるなんて、許されることではありません。ですので、当然、夫婦ゲンカの元になってしまいます。

ゴキブリ男と結婚したGさんは、こう言います。

「結婚してすぐに新築の一戸建てを購入し、夫の部屋を作ってあげました。しばらくして行って見ると、食べこぼしの跡に虫がわいていて、悲鳴を上げてしまいました。以来、私は夫を『ゴキブリ』と思うようになりました」

◆アドバイス

妻になった貴女にとって住まいは大事な愛の巣ですね。

そんな愛の巣を生ごみで埋め尽くされたらどうしますか?

ゴキブリ男の行動は、周りに迷惑をかけていないように思われるかもしれませんが、それは間違っています。

そんな不潔なごみに埋もれたゴキブリ男と結婚すると、貴女が病気になってしまいますよ。夫がゴキブリに見えてしまうような生活、そんなの、幸せですか? よ〜く考えてみましょう。

下品男

顰蹙《ひんしゅく》を買い同類と見なされます

[ダメ男度四〇%] ☺☺☺☻☻

◆予兆

もし彼が……、

⊗言葉使いが悪い

⊗冗談がきつい
⊗シモネタ好き
⊗語尾に「～ねえよ」と付く
⊗敬語を使えない
なんていうことがあれば、もしかして彼は**「下品男」**かもしれませんよ。
そんな彼を「キャラが強いだけ」「いざとなったらちゃんとできる」と思っていると、予兆を見過ごしてしまうんです。
お付き合いしているときは下品な口調も楽しいし刺激になるので、あまり気にならないかも知れません。
しかし、結婚するということは、一番小さな社会である家庭を築くことなのです。そこで夫が下品なまま、では通用しませんよ。
さらに予兆をあげてみましょう。
⊗貴女を「お前」「てめえ」と言う
⊗あいさつが「～すっ」調になる
⊗汚いを「きたね～」うるさいを「うるせ～」と言う

⊗貴女との秘め事を友達にぺらぺら話す
⊗怒ると「冗談だけど」と付け加えてひどいことを言う
心当たりありませんか？　あるとすれば、やはり下品男の予兆と心得ましょう。
貴女まで下品に見られないように、しっかりと予兆をチェックしましょうね。

◆特徴

話をすると、とにかく言葉使いが悪い、表現が汚いのが下品男です。

きちんと挨拶ができない、「です」「ます」で話が出来ない、尊敬語や謙譲語もいえないなんて大人として失格です。ですが、下品男は「そんなことで人間の価値が決まるとは思わない」といい、注意しても聞きません。

卑猥《ひわい》なことやシモネタも大好きで、相手や場所を選らばずに話してしまい、周りからひんしゅくを買ってしまうこともしばしばです。

言葉だけではなくて、心までもすさんでいるように見えるのが下品男です。聞いている貴女の心まですさんでしまいますよ。

◆アドバイス

言葉が汚い人を絶対に受け入れられないという方もおります。汚い言葉を発している本人の全てが汚く感じられ、どんなに高価なものを身に付けていたとしてもその価値を感じられず、嫌悪感を抱くといいます。

貴女は、言葉使いが悪く、品のない男性でも受容することができますか？

似たもの同士が一緒になれば上手くいくと思いますが、貴女が彼に違和感を感じるようでしたら、結婚は考え直しましょう。

暴言男

言葉だけと侮《あなど》っては心の傷になる

［ダメ男度一〇〇％］☻☻☻☻☻

◆予兆

もし彼が……、

⊗問題発言をする

⊗強烈な批判をする
⊗考え方が偏っている
⊗笑えない毒舌をふるう
なんていうことがあるとしたら、彼はもしかして「**暴言男**」かもしれません。
ただ、暴言男は自分の愛する大事な女性に対しては、ひどい言葉はなるべく言わないように心掛けているので、貴女自身は直接的な暴言を言われたことはないと思います。
でも、そばにいて彼のひどい言葉を聞いたり、噂で「あいつを怒らせたらうるさい」なんて言われていませんか？
好きな女性に対しては、上手くいっている間は暴言を吐かないのが暴言男のやり口です。ですので、貴女が彼から暴言を受けていないとしたら、上手くいっていて、十分に愛されている証です。
ところが、一度でも貴女が彼に対し裏切り行為をしたり、意に反することをしたら、本来の暴言男に豹変します。
要するに、自分に従わない相手は敵と思い、その相手には物凄くひどい暴言を吐くのです。

その暴言は、相手を完全に支配したいからではなく、嫌がらせや侮辱・恨みなどの感情からでる言葉です。

彼から、こんな言葉を聞いたことありませんか?

⊗「アイツは痛い目にあわせないとわからない」

⊗「この辺を歩けないようにしてやる」

⊗「オレにたてつく奴は許せない」

聞いていても、こちらが震え上がるようなことを平然というのが暴言男です。

自分には関係ない、なんて他人事だと思っていると、あとで嫌な思いをするので、気をつけて下さいね。

暴言男は一方でこんな面をもっています。

⊗子どもっぽく幼稚

⊗がむしゃらに働く働き者

⊗ヨイショされると喜ぶ

⊗愛に対しては献身的

⊗小金がある

どうですか？　心当たりはありませんか。一見、純粋でけな気に見えます。なので、つい惑わされ、暴言男の予兆に気がつかないのです。

でも、貴女が自分の思い通りにならないとわかると、今度は貴女に向かってひどい言葉を言い出します。

⊗「お前は意外と使えないな」

⊗「お前といると疲れるんだよ」

⊗「一生かけてオレの怖さをわからせてやる」

こんなことを言われたら、しばらくは立ち直れません。暴言は心に残り、**後々トラウマになることもあります。**

結婚前ならば、まだ救われます。慎重に予兆を振り返ってみましょう。

◆特徴

暴言男は感情の赴《おもむ》くままに、聞き捨てならない言葉を平気で言います。聞いているだけでも、耳を覆いたくなるようなひどいことを言うのです。そして、相手を落とし込んで、自分の怒りの感情をはらします。

笑ってしまうようなユーモアがある毒舌とは違って、相手を傷つけたり、恨みを晴らしたいという気持ちからの言葉なので、ほんとうにひどい言葉を発します。自分では感情をコントロールできない精神的に未熟な男性が多いです。

暴言男と結婚し、失意のどん底に落ちてしまったBさんのケースを紹介します。

Bさんは、15歳も年上の夫から熱烈ラブコールを受けて結婚しました。ところが、5年経ったころから、夫の言動が変わってきたといいます。きっかけは妻の病気によるセックスレスでした。Bさんは、こう言われたそうです。

「お前には金なんかあっても無駄だ。体を使って外で稼いで来い」

「ブスで気が利かないお前は必要ない、出て行け」

「若くて可愛いかと思ったが、人の金を使う泥棒だ」

離婚して1年経っても、この言葉がいまだに耳に残っていて、涙が溢れてくることもしばしばだそうです。

こんなことを言われたら、一生深い傷が残りますね。

自分は被害にあわないように、妄想を捨て、しっかりと彼の言葉を聞きましょう。

◆アドバイス

暴言男と結婚すれば、その暴言は必ずやがて貴女に向けられます。そんな男性と結婚しても幸せにはなれませんよ。

悩みぬいた結果、親や知人に相談しても、夫の暴言をなかなか理解してもらえず、それが強いストレスとなり、人生に悲観的になっていきます。

「自分が我慢すれば心配をかけないで済む」と思い込んで精神的に引きこもってしまう方や、ＤＶやモラハラ同様に、精神的におかしくなってしまう方もおります。

そうなると、自信をとり戻して、次の人生に進むための期間も長くなってしまうことが多いです。

他人の言葉に敏感になり、身近な人間関係すら上手くいかなくなるなど、良いことはひとつもありません。

暴言男と結婚するのは、暴言を認めることです。予兆に気がついたら、結婚はやめましょう。

おわりに

別れる勇気を持とう！

結婚を考えるなら、まずは**「ダメ男」**を知ることが大切です。それが幸せな結婚生活への第一歩となる重要なポイントなのです。

そして、特に「ダメ男度」が高い男性とは別れる勇気を持ちましょう。

これまで紹介した数々のダメ男を理解できたなら、これでダメ男との結婚は未然に防ぐことができますね。

一度結婚してしまったら、取り返しがつきません。

しかし、現実に目を向けると、こんな理由で、ダメ男とわかっていても結婚してしまう女性が少なくありません。

○あと数ヶ月で30歳になる

○結婚式場を予約した
○両親が相手の男性を気に入ってしまった
○会社を辞めた
○彼と同棲を始めた
○怖くて彼に本心を言えない
○妊娠した
○いまさら引き返せない
○ひとりになるのが怖い
○これを逃《のが》したら、結婚できないのではと思う
○結婚は実家を出るための手段

一見すると、どれも結婚前の女性には大きな問題に見えるかもしれません。しかし、はっきり言いますが、これらのことは決して大した問題ではないのです。なぜだかわかりますか？　それは、ダメ男との別れを決断できずにいたら、あとで次のようなもっと不幸で辛いことが起きるからです。

●楽しい嬉しいと感じない生活を強いられる
●家の中でビクビク暮らす
●お金や時間が自由にならない
●自分に自信がなくなる
●心や生活の安定がない
●ケンカやいさかいが絶えない
●夫に対し嫌悪感や憎しみが生まれる
●夫の顔色をみて不満を抱えて生活する
●不眠やうつ病になる
●円形脱毛症になる
●見るからに不幸な人になる

どうですか？　これらのことに比べたら、結婚前に感じていた悩みなど、取るに足らないことなのです。

さらに**「離婚は結婚より数倍のエネルギーが必要」**と言われますが、まさにそのとお

りです。

調停に2年以上もかかったとか、話し合いが付かずに経済的に物凄く困窮するとか、子どもを返してもらえないなど、様々な障害に直面します。

離婚というのは、それほど大変なことなのです。

一生の伴侶を選ぶのは貴女（あなた）です。

だからこそ、自分の「妄想を捨てて」正しい目を持ち、この人なら、という男性を選びましょう。

もし彼が（特に強度の）ダメ男だったら、貴女の幸せのために迷わず別れましょう。

もう一度言いますね。迷わずきっぱり別れましょう。それが幸せへの第一歩です。

鈴木あけみ

Re 婚カウンセラー　再婚して幸せになった妻代表
オフィスベル　夫婦・離婚問題相談室代表
市民グループ　離婚問題相談の会・キュア代表　カラーセラピスト
「シングルマザーにならないで！」「STOP 離婚！」を信条としています。20 年以上カウンセリングに携わり、5 年前より離婚相談サイトを立ち上げ、現在年間 1,000 件以上の離婚相談をこなす。20 代より美容アドバイザーとして、またアドバイザーを育てるというトレーナーとしても活躍。その後、結婚アドバイザーとして多くのカップルを誕生させた経験もあり。すべての経験を生かした解決カウンセリングは多くの支持があります。多くのカウンセラーがいる中､唯一「してはいけない離婚」にこだわって、相談者の意識改善に取り組んでいる。
特に若年層に向けた夫婦修復に積極的に力を注いでいます。
著書『良妻力ーあなたはなぜ夫に嫌われるのか』（産経新聞出版）
オフィスベル　http://roombell.com
婚カツ .com　http://konkatu-soudan.com

カバー装丁：松岡史恵

婚勝《こんかつ》アドバイス－離婚相談3800件に見る「ダメ男《おとこ》」47タイプ－

平成21年10月4日　第1刷発行

ISBN978-4-89295-663-8　C0036

著　者　鈴木あけみ
発行者　日高裕明
発行所　ハート出版
〒171-0014 東京都豊島区池袋3－9－23
TEL. 03－3590－6077　FAX. 03－3590－6078

印刷･製本／図書印刷
乱丁、落丁はお取り替えします。その他お気づきの点がございましたら、お知らせ下さい。

人はなぜ生まれ　いかに生きるのか

ー新装版・自分のための霊学のすすめー

人気のスピリチュアル・カウンセラー 第1作目

江原啓之　ISBN4-89295-497-7

四六判並製 240 頁　本体1300円

ドクター・マッチーの I LOVE ME

ーもっと自分を愛してあげてー

哲学博士と僧侶の立場から発見した「幸せの法則」

町田宗鳳　ISBN4-89295-501-9

四六判並製 240 頁　本体1300円

自分を愛して！

ー病気と不調があなたに伝える

〈からだ〉からのメッセージー

リズ・ブルボー　ISBN978-4-89295-574-7

Ａ５判並製 336 頁　本体2100円

直観力レッスン

ーステップ・バイ・ステップで

「夢」を「現実」にする方法ー

リン・A・ロビンソン　ISBN978-4-89295-554-9

四六判並製 240 頁　本体1500円